*Buch*

Wladimir Kaminers Mutter versteht die Welt nicht mehr. Ihre Enkel ziehen seit Neuestem vegane Rühreier einer ordentlichen Bulette vor, den einst geliebten Zoo wollen sie als Ort der Tierquälerei abschaffen, und lange ersehnte Flugreisen gelten plötzlich als böse. Selbst das Internet-Rezept für Gurkensalat hat seine Unschuld verloren. Zeigt es doch, dass ein hinterhältiger Algorithmus steuert, welche Informationen man bekommt. Im Fall von Wladimir Kaminers Mutter sind das offensichtlich eher Kochtipps als Aufrufe zum Klimastreik. Und so leben Oma und Enkel zunehmend auf verschiedenen Planeten. Wladimir Kaminer gibt sein Bestes, um seiner Mutter diese neue Welt zu erklären und mit Humor und wechselseitigem Verständnis zwischen den Generationen zu vermitteln – von Biofleisch bis Gendersternchen ...

Weitere Informationen zu Wladimir Kaminer sowie zu lieferbaren Titeln des Autors finden Sie am Ende des Buches sowie unter www.wladimirkaminer.de.

# WLADIMIR KAMINER

## Wie sage ich es meiner Mutter

### Die neue Welt erklärt:
### von Gendersternchen bis Bio-Siegel

GOLDMANN

Penguin Random House Verlagsgruppe FSC® N001967

4. Auflage
Taschenbuchausgabe Mai 2023
Copyright © 2022 by Wladimir Kaminer
Copyright © dieser Ausgabe 2022
by Wilhelm Goldmann Verlag, München,
in der Penguin Random House Verlagsgruppe GmbH,
Neumarkter Str. 28, 81673 München
Umschlaggestaltung: UNO Werbeagentur, München,
nach einer Konzeption von buxdesign | München
Coverillustration: Ruth Botzenhardt,
www.rubo-illustration.de
AB · Herstellung: ik
Satz: Buch-Werkstatt GmbH, Bad Aibling
Druck und Bindung: GGP Media GmbH, Pößneck
Printed in Germany
ISBN: 978-3-442-49410-1

www.goldmann-verlag.de

# Inhalt

## Ökologische Gerechtigkeit
## auf dem Raucherbalkon

Der Sommer war sehr heiß geraten. Bei diesen Temperaturen verwandelte sich die Biomülltonne in unserem Hinterhof in eine Fruchtfliegenproduktionsstätte, und die lästigen Tierchen flogen, ohne um Erlaubnis zu fragen, zu Hunderten durch die geöffnete Balkontür in unsere Küche: Vorderhaus erster Stock, Küchenbalkon zum Hof raus. »Willkommen seist du, neues freches Leben«, dachte die Katze meiner Mutter. Sie freute sich erst über die Ankömmlinge und ging auf die Jagd nach ihnen, machte dann aber schon nach einer Viertelstunde schlapp. Die Katze fühlte sich überfordert. Sie war nicht mehr die Jüngste und obendrein von der Hitze etwas faul und langsam geworden. Bis sie eine Fliege gefangen hatte, waren schon drei Dutzend neue im Anflug. Also kaufte Mama im Pfennigland eine elektrische Insektenklatsche namens Olympia für 4,99 und zog damit sofort den Zorn der Enkelkinder auf sich. Das Verhalten der Oma verstoße gegen die Grundsätze der ökologischen Gerechtigkeit, behaupteten sie.

Meine Mutter wunderte sich sehr darüber, dass man Fliegen nicht elektrisch töten durfte. Gefühlt stand sie doch perfekt im Einklang mit dem Zeitgeist: Man kochte inzwischen elektrisch, fuhr elektrisch Fahrrad, warum also sollte man nicht auch Fliegen elektrisch erledigen und die lästigen Biofliegen aus der Biotonne mit einer Bioklatsche verfolgen? »Alles bio oder was?«, fragte Mama nach.

Ich hatte Schwierigkeiten, es ihr zu erklären. Natürlich war dieses überentwickelte Umweltbewusstsein der jungen Generation eine Folge der Pandemie. Wir Menschen trugen als Umweltzerstörer die Schuld für die Verbreitung der tödlichen Viren, für Überschwemmungen, Waldbrände und Hitzewellen. Wir hatten alles versaut und wurden nun dafür bestraft. Wir durften keine dicken Autos mehr fahren, kein billiges Fleisch mehr essen, und statt des Sandmännchens summte jeden Abend Karl Lauterbach im Fernsehen. »Egal, was wir tun«, erzählte uns der Miesepeter Karl, »die nächsten achtzig Jahre sind für den Arsch.«

Die Schuldgefühle der Natur gegenüber und die Angst, noch mehr kaputt zu machen, traf alle Altersgruppen außer der leichtsinnigen Generation achtzig plus, die einfach unbeschwert weiter vor sich hinlebte. Sie wusste, wie schnell achtzig Jahre vorbeiflutschten, und lehnte die Aufforderung ab, den Planeten zu retten. Das hieße ja, nicht mehr zu reisen und nicht mehr zu grillen, nur damit in achtzig Jahren die überfluteten Niederlande wieder trocken gepumpt werden konnten. »Who the fuck is Niederlande?«, dachten die Älteren insgeheim.

Die Jüngeren nahmen sich das Umweltproblem jedoch sehr zu Herzen. Sie waren schwer damit beschäftigt, nur durch die Nase zu atmen, um weniger $CO_2$ auszustoßen, der Müll wurde sorgfältiger denn je getrennt, und »Kurzstreckenflug« war zu einem Schimpfwort geworden. Meine Kinder suchten in ihrer Umgebung ständig nach Umweltsündern, fanden aber niemanden außer ihrer Oma, die ständig vergaß, ihre Klimaanlage auszuschalten. Sie solle den Ventilator nicht den ganzen Tag laufen und die Biofliegen in Ruhe lassen, meinten die Kinder.

Das ältere Enkelkind hatte außerdem aus der Uni das Konzept der ökologischen Gerechtigkeit mit nach Hause gebracht. Es hatte ein dickes Buch zu dem Thema gelesen, möglicherweise sogar zwei, und fing bald an, danach zu predigen: Der Mensch verhalte sich widernatürlich, sagte das Kind: »Wir müssen eine ökologisch gerechte Welt schaffen!« Wir. Bei uns in der Wohnung. Im ersten Stock und bei dreißig Grad im Schatten, mit Balkon zum Hinterhof und tausend Biofliegen im Anmarsch.

Die ökologisch gerechte Welt drückte uns schwer auf den Magen. Sie sah vor, dass alle dasselbe Recht auf Leben hatten, egal ob Käfer, Fliegen oder Menschen. Wir mussten allen Wesen ihren ganz eigenen Wert einräumen, ohne jeglichen Nutzungsanspruch. Nur dann konnten wir zu Tieren und Pflanzen jene korrekte soziale Beziehung entwickeln, die uns selbst wieder in die Natur eingliederte und zu einer friedlichen Symbiose mit der Außenwelt finden ließ, klärte uns das Kind auf. Wir nickten schweigend und schauten den Biofliegen zu, wie sie uns von unserem Balkon zu verdrängen versuchten. *À la guerre comme à la guerre*, wie die Franzosen sagen.

Eigentlich hatte die Naturinvasion schon mit den Viren begonnen. Zuerst drängten sie die Menschen von der Straße. Und während wir isoliert und unter Hausarrest von der Welt ausgeschlossen waren, eroberte sich die Natur Stück für Stück unsere mit viel Liebe und Mühe aufgebauten Großstädte zurück und nahm sie in Besitz. Füchse liefen bei Rot über die Kreuzung, ohne Angst, überfahren zu werden. Krähen und Tauben enteigneten die Klappstühle der geschlossenen Außengastronomie und schissen sie voll, und bei vielen Abfalltonnen im Grunewald übernahmen Wildschweine die Mülltrennung. Noch nie da gewesene weiße und blaue Blümchen blühten mitten auf der Fahrbahn aus den Rissen im Asphalt.

Doch kaum sanken die Inzidenzen, starteten die Menschen sofort eine Gegenoffensive. Sie wollten ihre sozialen Räume zurückgewinnen, vor allem die Klappstühle der Außengastronomie. Sie drängten die Natur wieder aus der Stadt, sie sollte dorthin verschwinden, wo sie hergekommen war, nach Brandenburg in den Wald. Doch die Natur zeigte sich zäher als gedacht, sie wollte nicht aufgeben. Nachdem sie einmal Blut geleckt hatte, heulte die Natur nachts vor unseren Fenstern, sie summte und zwitscherte und kletterte auf die Balkone und die Hausfassaden hoch. Den halben Sommer konnte ich nicht schlafen, so heiter verpaarten sich die Singvögel auf dem Hof und veranstalteten dabei auf dem überdachten Mülltonnenplatz ein polyfonisches Konzert in Überlänge. Da konnte Wagner seine ganzen Meistersinger gleich zurück nach Nürnberg schicken. Morgens knallte dann ab sechs Uhr früh die Sonne durch die Fenster, und kaum machte man sie auf, hatte man sofort die Meistersinger in voller Lautstärke und die Fliegen aus der Biomülltonne in der Küche. Machte man die Fenster zu, erwärmte sich die Wohnung auf unerträgliche Temperaturen.

Einmal waren wir vor der Hitze an einen See geflohen und drei Tage nicht zu Hause gewesen, schon hatte jemand ein Nest auf unserem Küchenbalkon gebaut. Ein richtiges Vogelnest mit einem kleinen blauen Ei darin und einer Amsel darauf. Es war unser Raucherbalkon. Die Familienmitglieder nutzten ihn, um in Ruhe eine Zigarette zu rauchen und an einem Glas Wein zu nippen. Im Sommer blieben wir gerne länger auf dem Balkon sitzen, es war dann der schönste Ort der ganzen Wohnung. Nun war er zu einer Krippe geworden. Der freche Vogel hatte sein

Nest direkt im großen Aschenbecher gebaut, sein neues Zuhause passte perfekt hinein. Nun saß das Weibchen mit offenem Schnabel da und blickte uns aus runden Augen streng an, als wollte es sagen: »Rauchen tötet. Ab jetzt wird hier nicht mehr gequalmt. Wir wollen nämlich neues Leben aus eurer alten Asche entstehen lassen, hier in diesem Aschenbecher.« Abends kam das Männchen vorbei, und Mutti flog kurz weg, um sich ein wenig die Flügel zu vertreten. Papa setzte sich ins Nest und legte augenscheinlich noch weitere Eier dazu, denn am nächsten Tag zählten wir bereits vier.

Wir waren alle gespannt, und vor allem die Katze meiner Mutter wartete mit Ungeduld auf das neue Leben. Mit dem Einzug der Vögel in den Aschenbecher veränderte sich aber auch unser Alltag. Keiner aus der Familie wagte es, in Anwesenheit des ungeborenen Lebens und direkt vor dem Schnabel der jungen Mutter zu paffen. Unsere erwachsenen Kinder lästerten über uns. »Freut ihr euch schon auf den Nachwuchs? Wie wollt ihr die Kleinen denn nennen? Vielleicht nach euren Zigarettenmarken – R1, R2, R3?« Drei Tage später lagen fünf Eier im Aschenbecher. Wir recherchierten im Internet und fanden heraus: Zwei Wochen sollte es bis zum Schlüpfen dauern, dann noch zwei Wochen feste Kindernahrung im Nest, damit die R1-en zu Kräften kommen und unseren Balkon endlich verlassen konnten.

Am Ende schlüpften nur aus zweien der fünf Eier tatsächlich Küken, die restlichen drei hatten es sich anders überlegt. Anscheinend wussten sie, dass mit unserer Welt etwas nicht stimmte. Die Nichtgeschlüpften wurden von ihren Eltern sorgfältig entsorgt, dann begann die Fütterung. R1 und R2 erwiesen sich als unglaublich hungrige Bestien, sie hatten rund um die Uhr Appetit. Und obwohl wir dank der Biotonne eigentlich genug Fruchtfliegen hatten, die ihnen fast direkt in den Schnabel flogen, wirkten die Eltern überfordert. Dafür begeisterte sich meine Mutter sehr für den Nachwuchs. Sie vergaß ihre Katze und verbrachte jeden Tag viel Zeit auf dem Balkon, um die Küken wachsen zu sehen. Von ihrem eigenen Fütterinstinkt gelenkt, wollte sie die jungen Eltern bei der Nahrungsbeschaffung unterstützen. Sie holte ihre Elektroklatsche und half den Amseln nach Kräften bei der Fliegenjagd. Laut den Erkenntnissen aus dem Internet waren tatsächlich ausgerechnet diese Fliegen und nicht etwa Würmer das beste Essen für die kleinen Amseln. Also bekamen R1 und R2 ihre Fliegen teilweise roh von ihren Eltern und teilweise leicht angeschmort von meiner Mutter. Gemeinsam schafften sie es, die jungen Vögel innerhalb einer Woche auf die Größe einer Zigarrenschachtel zu füttern. Sie konnten sogar schon selbstständig fliegen.

Meine Mutter war von dieser Erfahrung sehr angetan und fühlte sich mit ihrer Fliegenklatsche als Teil einer erstrebenswerten natürlichen Symbiose ganz im Sinne der ökologischen Gerechtigkeit. Sie meinte, sie habe das Konzept jetzt verstanden. Noch lange danach wollte sie in jeder Amsel auf dem Hof R1 oder R2 wiedererkannt haben und winkte ihnen mit der Klatsche. »Ja«, sagte sie, »natürlich sehen alle Amseln gleich aus. Bis auf diese zwei.«

## Das Bankett wird verschoben

»Eine klassische Menüreihenfolge sollte wie eine musikalische Komposition aufgebaut sein! Oder, besser noch, wie
die Entwicklung eines Menschen: Jeder Gang ist wie ein
Lebensabschnitt. Es fängt leicht an, wird mit der Zeit etwas üppiger und schwerer und erreicht seinen Höhepunkt
mit dem Dessert, einer kleinen, feinen Süßigkeit«, erklärte
der Lieblingsfernsehkoch meiner Mutter in der russischen
Sendung *Seelenkochen*.

Mama sah sich die Sendung gerne an, während sie Chickenwings in der Mikrowelle warm machte. Eigentlich
kochte meine Mutter gern, aber sie fand kaum Mitesser für
ihre kulinarischen Kreationen. Ihre beste Freundin Tante
Inge kam zwar jede Woche vorbei, doch auch sie wollte nur
Chickenwings. Die galten früher als Kindersnack, waren
aber inzwischen zur Lieblingsdelikatesse der alten Garde
geworden.

Tante Inge kam immer sonntags, um sich mit Mama
zusammen im Fernsehen alte Ballettaufführungen anzu-
sehen, und zwar eigentlich immer dieselbe: die Bolschoi-

Inszenierung von *Schwanensee* aus dem Jahr 1973 in Schwarz-Weiß-Aufzeichnung. Tante Inge litt an Alzheimer und war außerdem aufgrund ihres viel zu schnell vorbeigerauschten Lebens depressiv. Ihre Antidepressiva sorgten zwar dafür, dass sie zäh und optimistisch blieb, aber als Nebenwirkung bescherten sie ihr Halluzinationen. Immer wieder sprangen ihr aus dem Fernseher Schwäne entgegen und setzten sich auf ihre Schulter. Tante Inge wusste, dass sie nicht echt waren. Sie verscheuchte das halluzinogene Geflügel und schaute mutig weiter Ballett.

»Ich würde so gern ein Vier-Gänge-Menü zubereiten mit Suppe und Buletten, aber für wen kann ich noch kochen?«, seufzte meine Mutter und fragte mich, ob ich vielleicht Buletten mochte. Ich schaue mir mit den beiden Frauen gerne einmal die Bolschoi-Inszenierung an, aber Buletten mochte ich auch nicht. »Balletten statt Buletten!«, sagte ich. »Lass uns mal eine Kochpause machen, Mama.« In jenem Sommer sah es ohnehin so aus, als würden wir selbst gekocht. Der Weltklimarat hatte im Auftrag der UNO eine 1300 Seiten dicke Studie über die Folgen der globalen Erwärmung mit fünf möglichen Zukunftsszenarien veröffentlicht, eines düsterer als das andere. Nur die Reihenfolge stand noch nicht fest. Entweder wurden wir zuerst angebraten, dann überflutet und erstickt oder umgekehrt.

»Du kannst ja deine Enkel zum Essen einladen«, witzelte Tante Inge. Sie wusste, dass die Enkel niemals zum Essen zu ihrer Oma kamen. Das eine Enkelkind jobbte selbst als Koch in einem Bio-Café, wo es veganes Rührei zubereitete. Das andere Kind aß nur Fleisch von glücklich verstorbenen Tieren. So befahl es der Zeitgeist. Es war unmöglich geworden, die Enkel zum Essen einzuladen. Kaum fing Mama an mit »Komm vorbei, ich habe ganz tolle Buletten gemacht nach dem alten Rezept meiner Oma, also deiner Ururgroßmutter, die sind so saftig und schön, da ist überhaupt kein Fleisch drin, nur Hühnchen!«, fingen die Kinder sofort an, dieselben Bewegungen zu machen wie Tante Inge, wenn sie das TV-Geflügel von ihrer Schulter verscheuchte. Die Enkelkinder wussten Omas Gerichte nicht zu schätzen. Vor allem verstörte sie, dass Oma ihr Fleisch zu Billigpreisen bei großen Discountern kaufte.

»Wie oft habe ich es dir schon gesagt, Oma!«, hob der vegane Rühreihersteller den Zeigefinger. »Was du bei diesen Discountern kaufst, ist kein Fleisch und kein Fisch. Das sind Überreste gefolterter und übel zugerichteter Lebewesen. Hast du eine Ahnung, was ein Schwein über sich ergehen lassen muss, damit es am Ende tot zu einem Spottpreis in den Kühlregalen liegt?« Mama hatte keine Ahnung. »Nicht umsonst waren deutsche Megaschlachthöfe gewaltige Verteiler der Seuche«, fuhr das Enkelkind fort. »Dort werden Menschen und Tiere gleichermaßen unwürdig behandelt. Und dieser Horror wird nicht aufhören, solange es so leichtsinnige Konsumenten wie dich gibt, die jedes Angebot annehmen, Hauptsache billig! Ich bitte dich um mehr Empathie für andere Lebewesen. Du hast doch eine Katze. Warum sind dir fremde Tiere so völlig egal?«

»Fremde Tiere sind mir überhaupt nicht egal«, empörte sich Mama. »Ich liebe Tiere! Wir sind doch früher oft zusammen in den Zoo gegangen. Erinnerst du dich nicht mehr, wie du damals vor den Pelikanen weggelaufen bist? Ich habe sie dann abgelenkt! Und als du von dem Nashorn so hinterhältig von der Seite angepisst worden bist, habe ich mich dazwischengestellt!«

»Zoos sind die KZs veralteter Tierhaltung! Dort werden Tiere und Vögel hinter Gittern gehalten, als wären sie Verbrecher, obwohl sie nichts Böses getan haben. Ihr einziges Pech war, irgendwann in die Hände der Menschen geraten zu sein«, polterte das Enkelkind zurück. »Zoos gehören verboten und geschlossen, das wird auch bald passieren. Und was Lebensmittel betrifft, die sind heutzutage alle gekennzeichnet, je nachdem wie bio sie wirklich sind. Ich gehe das nächste Mal mit dir zusammen einkaufen, Oma. Dann zeige ich dir, wie du deinen Konsum umstellen kannst«, versprach das liebe Kind.

»Was habe ich jetzt schon wieder falsch gemacht?«, wunderte sich Mama. »Wieso sind sie auf einmal so gereizt?

Man kann doch jedem seinen Geschmack gönnen. Die einen kochen so und die anderen so. Ja, wir kaufen gerne Chickenwings als Fertigprodukt und machen sie in der Mikrowelle heiß. Die schmecken super, auf jeden Fall besser als dieses vegane Rührei. Das schmeckt nach Mehl.«

»Es geht nicht um den Geschmack, Mama«, erklärte ich. »Die Jugend kümmert sich um die Rettung des Planeten. Angeblich sind eure Chickenwings schuld daran, dass sich die Erde nicht mehr richtig dreht.«

»Verfluchtes Geflügel«, nickte Tante Inge zustimmend und wischte sich einen Schwan aus dem Nacken.

Ja, angeblich trugen Tierhaltung und Landwirtschaft einen erheblichen Anteil der Schuld daran, dass wir demnächst angebraten, überflutet und zum Dessert serviert wurden. Aber wem? Anderen Lebewesen, die sich an die globale Erwärmung besser anpassen konnten? Damit das nicht passierte, musste ab sofort das Leben jedes Einzelnen von uns der Ausbremsung des Klimawandels dienen. Der Weltbiodiversitätsrat forderte, wir sollten dringend aufhören, so viele Tiere zu halten, denn weniger Tiere bedeuteten weniger $CO_2$-Ausstoß. Das Problem war nur, wir konnten auf Tiere nicht verzichten, selbst wenn wir sie nicht mehr aßen. Die Grundlage unserer Zivilisation bestand nämlich daraus, aus jedem Lebewesen einen zusätzlichen Nutzen zu ziehen. Hühner wurden zum Beispiel bei Managementtrainings aktiv eingesetzt, um die Führungsqualitäten der Teilnehmer zu prüfen. Wenn angehende Manager es schafften, dass ihnen Hühner zuhörten, würde es ihnen bei Menschen auch gelingen. Angeblich hatten Hühner nämlich ein Gespür für Führungskompetenz. Sie sagten es zwar nicht, aber sie starrten die Manager angestrengt an. Katzen wiederum waren gut fürs Herz, wenn man sie mit der linken Hand streichelte. Mit rechts nützte es der Verdauung. Und Pferdetherapie war das Highlight in den Entzugskliniken Brandenburgs. Es galt als erwiesen, dass der Entzug sanfter verlief, wenn man Alkoholiker in den Sattel setzte. Ziegen und Schafe dienten vielerorts als Orakel. Allerdings durfte man sie, anders als den Weltklimarat, für schlechte Prognosen sofort bestrafen. Ich möchte gar nicht wissen, wie viele vierbeinige Orakel und Wahrsager nach dem bitteren Ausscheiden der Deutschen bei der Fußball-EM 2021 geschlachtet worden waren.

Tiere machen uns glücklicher, sie machen sogar Kunst. Vor einiger Zeit erlebte ich in einem österreichischen Hotel eine kleine Sensation: einen malenden weißen Esel. Es war den Mitarbeitern aufgefallen, dass das Tier immer wieder mit dem Maul Stöcke aufhob und dann auf und ab schwang. Also gaben sie ihm einen Pinsel und Farbe und stellten ihm eine Leinwand hin. Die Eselbilder sind mittlerweile sehr teuer, auch wenn Kunstkritiker noch über die Frage streiten, was genau das Tier malte und was die bunten Flecken zu bedeuten hatten. Stellten sie unsere im Chaos versunkene Welt dar? Oder porträtierte der Esel einfach uns? Denn möglicherweise bestand unsere Lebensaufgabe gar nicht darin, die Welt zu retten, sondern einem Esel Modell zu stehen.

## Unser Kandidat

Bereits Anfang August bedeckten sich die Bäume und Straßenlaternen mit bunten Wahlplakaten. Die Bundestagswahl stand bevor, und die Bürgerinnen und Bürger hatten zwei Monate Zeit, um sich einen Kandidaten vom Baum zu pflücken und ihn in den Bundestag zu schicken. Neben den Kandidaten hingen noch Plakate von Ikea und von Heino, der ganz Deutschland mit seinen Konzerten überzog. Corona hin oder her, Heino sang weiter. Ich war mir sicher, es gab inzwischen kein Dorf in Deutschland, in dem Heino nicht schon einmal gesungen hatte.

Meine Mutter schaute sich die Bäume und Straßenlaternen aus dem Autofenster mit großem Interesse an und zeigte sich überrascht von der Vielfalt der Plakate und Wahlsprüche. Sie wollte wissen, was die Unterschiede zwischen den Parteien und den einzelnen Personen auf den Bäumen seien, wie sie miteinander im Bundestag überhaupt klarkämen. Ich hatte Mühe, ihr zu erklären, dass Ikea und Heino zum Beispiel gar nicht kandidierten und auch die anderen nicht alle in den Bundestag einziehen würden, höchstens einer pro Baum. Die restlichen Kandidaten würden draußen im Regen hängen bleiben.

»Oh mein Gott, wie frustrierend muss das für sie sein, nicht gewählt zu werden«, bemitleidete Mama die Kandidaten. »Bei uns gab es so etwas früher nicht, dass man kandidiert und nicht gewählt wird.«

Ja, es würde nicht leicht für die Menschen sein, einen vom Baum zu wählen. Irgendwie schienen alle Kandidaten beim selben Fotografen im Studio gesessen zu haben, der sie aufgefordert hatte: »Sag Vanessa! Lach mal, mach den Knopf auf und schau fröhlich in die Kamera, als wäre gerade ein Kindergeburtstag im Gange, *a ram sam sam*.« Ich hätte mir einen mit ernstem Blick gewünscht, vielleicht einen wie Heino? Nur er blickte ernst, kandidierte aber nicht.

Die halbe Strecke von Berlin nach Prerow verfolgten uns fröhliche Bundestagskandidaten und der grimmige Heino, bis wir die Grenze nach Mecklenburg-Vorpommern überquert hatten. Von da an wurde es entspannter. Die Kandidaten sahen auf einmal alle aus wie Heino, kein *a ram sam sam* mehr, und je weiter nördlich wir kamen, desto grimmiger blickten sie von ihren Bäumen und Laternen auf uns herab, mitfühlend und besorgt.

Traditionell verbrachten wir das Augustende mit Mama an der Ostsee, dem Lieblingsort aller deutschen Radfahrer. Das Fahrrad war neben dem E-Auto zu einer modernen persönlichen Arche Noah geworden, denn angeblich wurden in ein künftiges Paradies nur noch vollständig geimpfte und geboosterte Radfahrer mit Helm oder genesene sowie doppelt getestete Tesla-Besitzer hereingelassen. Allerdings war so ein Tesla noch immer sehr teuer. Also traten die Deutschen fleißig in die Pedale und trainierten an der Ostsee fürs Paradies. Ihre Waden wurden von Jahr zu Jahr dicker, aber das Paradies ließ zum Glück auf sich warten.

Mama und ich fuhren nicht Rad. Kaum in Prerow angekommen, versuchten wir, die Gegend langsam zu Fuß zu erkunden, genossen den trüben mecklenburgisch-pommerschen Himmel, die Mücken und den Wind und bestaunten die Winterklamotten in den unzähligen Geschäften für Schlechtwetterkleidung. Alle Regenmäntel und Regenschirme, die wir besaßen, waren an der Ostsee gekauft worden. Und wir bewunderten wie jedes Jahr die schöne Eigenart der Einheimischen: ihre mit Stolz zur Schau gestellte Unfreundlichkeit. Sie waren ein Volk, das jede Servicementalität zutiefst verabscheute, gleichzeitig aber jede Ordnung verherrlichte. Wäre der gekreuzigte Jesus hier an der Ostsee wiederauferstanden, hätten die Einheimischen ihn sofort erneut ans Kreuz geschlagen, nicht aus Bösartigkeit, aber Ordnung musste sein. Ihre Lieblingsantwort auf beinahe jede Frage war »Nö«, wurde aber gelegentlich durch heftiges Kopfschütteln ersetzt. In einer Gaststätte oder in einem Restaurant gerieten die müden Radfahrer in Rage, wenn sie von den Kellnern »Na, was darf's sein?« zugezischt bekamen. »Soll ich euch gleich aus dem Laden schmeißen, oder reden wir zuerst übers Wetter?«, so ungefähr konnte man diese Frage übersetzen. Und jedes Jahr hörte ich die Radfahrer über die Gründe dieser Unfreundlichkeit streiten.

Junge linksorientierte Radler deuteten sie als Kapitalismuskritik. Früher in der DDR hatten die Ostseeeinwohner bestimmt fröhlicher aus der Wäsche geguckt. Sie waren arm gewesen, aber glücklich. Vielleicht ein wenig verpeilt, was aber allen Menschen passierte, die nahe am Wasser leben. Nach dem Mauerfall konnten einige von ihnen viel Geld mit dem Tourismus verdienen und waren reich geworden. Und das Kapital vermiest den Charakter. Je mehr die Menschen besitzen, umso grimmiger gucken sie, besagt eine Volksweisheit.

Mir hat Heino einmal dasselbe erzählt. Ich drehte damals einen Film über Heimatklänge, und in Deutschland gehörte Heino zweifelsohne dazu. Immerhin beschallte er dieses Land seit über einem halben Jahrhundert ununterbrochen und hatte mehr Platten verkauft als Dschingis Khan, Boney M. und die Rolling Stones zusammen. Wir hatten uns in dem kleinen Dorf Neunkirchen getroffen, am Ende der Welt, wo Heino sich feierlich in Anwesenheit des Bürgermeisters in das Goldene Buch der Stadt eintrug. Unser Filmteam wurde ebenfalls feierlich begrüßt.

»Dann können Sie sich, Herr Kaminer, bei der Gelegenheit auch gleich eintragen«, meinte der Bürgermeister zu mir.

Ich blätterte für alle Fälle heimlich das Goldene Buch durch, um nachzusehen, ob es außer Heino und mir noch jemanden gab, der mit einer Eintragung gewürdigt wurde. Wir waren zu fünft, allerdings kannte ich die anderen nicht.

Nach der feierlichen Zeremonie fragte ich den Sänger, warum er eigentlich auf seinen Fotos und Plakaten nie lächelte und immer so grimmig guckte, als wolle er wirklich für Mecklenburg-Vorpommern in den Bundestag gewählt werden. Er verriet mir, dass ihm sein Manager vor sechzig Jahren, als seine Gesangskarriere mit dem Hit »Schwarzbraun ist die Haselnuss, schwarzbraun bin auch ich« begann, gesagt hatte: »Du darfst niemals vor der Kamera lächeln, wenn du über die Nuss singst. Sonst glauben die Menschen, dir ginge es zu gut, du wärst reich und würdest sie auslachen, weil sie dir Konzertkarten abkaufen. Dann klatschen sie nicht und denken, du würdest sie selbst für taube Nüsse halten. Du musst immer schlecht gelaunt und bekümmert aussehen, dann klatschen die Leute!«

Der Manager hatte auf den damals noch jungen Künstler einen großen Einfluss. Und seitdem sieht Heino vor der Kamera immer besorgt aus, und die Leute klatschen. Vielleicht hat derselbe Manager auch die Leute an der Ostsee beraten. Ihre Grimmigkeit sollte eigentlich längst als immaterielles Weltkulturerbe von der UNESCO anerkannt werden. Die Menschen blickten unwirsch, damit niemand glaubte, es gehe ihnen gut. So behaupteten zumindest die jungen linksorientierten Radfahrer.

Die älteren erfahrenen Radler argumentierten dagegen. Sie meinten, diese Mentalität sei angeboren. Die Menschen im Norden wären schon immer so gewesen, nur dass sie in der sozialistischen Diktatur der DDR ihr wahres Ich nicht hatten zeigen dürfen. Im Sozialismus waren die Bürgerinnen und Bürger von der Staatsgewalt zur Fröhlichkeit gezwungen worden. Sie hatten in ihrem kommunistischen Alltag stets fröhlich zu sein und optimistisch in die Zukunft zu blicken. Jeder Miesepeter wurde als Staatsfeind gebrandmarkt, jeder Stinkefinger in der Öffentlichkeit sofort abgehackt. Erst nach dem Fall der Mauer bekamen die Menschen im Norden ihr Recht auf Grimmigkeit zurück. Endlich konnten sie die verlogene kommunistische Maske der Freundlichkeit ablegen und frei von staatlich verordnetem Optimismus auf die Welt blicken, so wie es ihnen das Herz befahl: wie ein Starkoch auf eine tote Maus im Suppentopf.

Wer hatte nun recht? Ich glaube, die Wahrheit liegt irgendwo dazwischen.

An der Ostsee regnete es ununterbrochen die ganze Woche, und wir flüchteten mit Mama nach Berlin zurück. Aber auch dort spielte das Wetter verrückt. Jeder Tag

brachte neue Überraschungen mit sich, und kein Wetter-
frosch, nicht einmal Kachelmann, konnte erklären, was
eigentlich los war.

»Das perfekte Wetter für alle Meteorologen«, witzelte
Kachelmann im Fernsehen. »Die Prognosen taugen alle
nichts. Es wird eine Menge passieren, aber wir wissen
nicht, was.«

Meine Kinder hatten eine eigene Schlechtwettertheo-
rie entwickelt und klärten ihre Oma auf, warum es neuerdings im August so oft regnete: Durch den Klimawandel hätten sich die Jahreszeiten verschoben, und auch die
Monate seien nicht mehr das, was sie früher einmal waren. In Wahrheit hätten wir nämlich jetzt nicht August,
sondern April. Und im April, das sei allgemein bekannt,
mache das Wetter, was es wolle. Der Sommer würde erst
Ende September richtig in Gang kommen, und der August würde, wenn alles nach Plan lief, kurz vor Weihnachten erwartet. Dann könnten wir wieder an die Ostsee fahren, Pflaumen pflücken und Pilze sammeln. Vorher nicht.
Vorher reiften nur die Wahlplakate an den Bäumen und
Straßenlaternen.

Mama wollte mit ihren Enkeln unbedingt über die
Wahlplakate reden. Wen würden sie denn gerne wählen?
Und taten ihnen die Menschen nicht leid, die nicht gewählt wurden? Sie erzählte von unserer Heimat, der Sowjetunion. Auch dort war ständig gewählt worden: der

Oberste Rat, die Delegierten des Parteitags und das Präsidium des Politbüros:

»Die Menschen zogen sich am Wahltag festlich an und gingen zu den Wahlurnen, dort bekam jeder einen Wahlzettel von der Wahlkommission und musste darin ein fünfeckiges Sternchen setzen. An diesen Tagen wurden in den Wahllokalen Orangen verkauft, manchmal gab es sogar kostenlose Sprotten und Luftballons. Niemand hat sich gewundert, dass es nur einen Kandidaten pro Wahllokal gab. Wir hatten auch nur eine Partei, die Kommunistische. Allein schon deswegen wäre es eine Frechheit, einen Kommunisten nicht zu wählen. Wie sollte sich jemand fühlen, der seinem Staat nützlich sein wollte, dessen Dienste aber auf so erniedrigende Art abgelehnt wurden? Das ist doch ein niederschmetterndes Gefühl. Und die Qual der Wahl wurde den Menschen auch erspart. Sie mussten nicht wie die Hamster im Wahl-O-Mat bis zum Erbrechen unzählige Runden drehen, nur um festzustellen, dass kein Parteiprogramm und kein Kandidat mit ihren Vorstellungen zum Umbau der Welt übereinstimmte. Diese Arbeit wurde den sowjetischen Menschen von Profis abgenommen, von denen, die das Land von Anfang an regiert hatten.

Zweimal im Jahr trafen sich Regierung und Volk bei einer Militärparade. Dabei stand die Regierungsdelegation auf der Tribüne des Lenin-Mausoleums, und alle sahen aus wie Heino nur ohne Brille. Auf der anderen Seite des Roten Platzes stand das Volk, Erwachsene und Kinder. Dazwischen fuhren die Panzer. Den Vorsitz hatte immer ein alter weißer Mann, die Kinder trugen kurze Hosen, und die Plakate hingen an einem Kran: ›Fünfjahresplan geht rasch voran.‹ Wir blickten optimistisch der Zukunft entgegen. Und niemand, den ich kannte«, erzählte die Oma, »wünschte sich einen zweiten Kandidaten. Alle fanden, der eine sei bereits einer zu viel.«

Meine Kinder hörten ihrer Oma zu und schüttelten nur den Kopf. Sie fanden, es gäbe eher zu wenig Kandidaten an den Bäumen. Und die, die da waren, kannte man irgendwie schon von früher. Nicole meinte, es seien noch immer dieselben Typen, die schon damals kandidiert haben, als sie noch zur Schule gegangen wäre. Und das sei nun schon sieben Jahre her. Die Bäume waren seit damals gewachsen, die Kandidaten haben sich jedoch überhaupt nicht verändert. Sie waren auch kein Jahr älter geworden und hatten genau denselben fröhlichen Gesichtsausdruck wie damals.

Grundsätzlich fand meine Tochter, es gäbe zu viele alte weiße Männer auf den Plakaten und kaum diverse Kandidaten oder Kandidatinnen, keine non-binären, keine Transgender-Personen, dazu weder Intersexuelle noch Queere und keine People of Color. Das gehe eigentlich gar nicht. Auch andere Lebensarten würden bei den Wahlkampagnen nicht berücksichtigt. Die Rechte von Bäumen zum Beispiel würden überhaupt nicht ernst genommen, man missbrauche sie bloß zur Plakatbefestigung. Manche Wahlwerbung klinge außerdem höhnisch und weltfremd. »Darf ich nach Kreta, Greta?« Was solle denn das für eine Botschaft sein, und warum wollte die AfD nach Kreta? Wussten sie nicht, dass die Insel abgebrannt und überflutet war? Hatten die Rechten keine Selbstschutzmechanismen? Die Liberalen plakatierten: »Wer sein Auto behalten will, darf nicht links abbiegen.«

»Was für eine Frechheit«, regte sich meine Tochter auf. »Und das schreiben sie in einer Stadt, in der fast jeden Tag ein Rechtsabbieger einen Radfahrer überfährt. Die Linksabbieger sind bei Weitem nicht so gefährlich, sie lassen doch alle vorfahren. Wir brauchen mehr unabhängige Kandidaten, Enthusiasten, Menschen, die nicht an eine Partei gebunden sind, eine Vision für die Zukunft haben und die Probleme der Welt ernst nehmen!«, meinte meine Tochter.

»Ich bin absolut deiner Meinung«, nickte Mama. »Ich hätte auch Heino gewählt.«

## Scheitern genießen

Mit großer Sorge nahm meine Mutter die Nachricht auf, die Olympischen Sommerspiele aus Tokio würden aus Angst vor Corona nicht einmal im Fernsehen übertragen.

»Als würde man sich durch bloßes Fernsehen anstecken können, wie erbärmlich!«, schüttelte Mama den Kopf. Ihre Begeisterung für Olympia hatte sie wie viele meiner Landsleute vor vierzig Jahren entdeckt, als die Olympischen Spiele in unserer Heimatstadt Einzug gehalten hatten. Sie waren damals zwar von der halben Welt boykottiert worden, hatten aber trotzdem stattgefunden und waren im Fernsehen übertragen worden. Doch dieses Mal hatte Tokio wirklich die Arschkarte gezogen. Kein Land der Welt wollte die verseuchten Corona-Spiele haben. Als hätte man die Pandemie vorausgesehen, waren die Olympischen Spiele 2020 bereits sieben Jahre zuvor an das Land der aufgehenden Sonne vergeben worden, weit von allen großen Kontinenten entfernt. Es hatte damals in Buenos Aires weniger Bewerber gegeben als in den Jahren davor.

Wahrscheinlich wussten viele von dem Vierzig-Jahre-

Fluch, nur die Japaner hatten ihn vergessen und sind zum zweiten Mal auf dieselbe Harke getreten. Es ist nämlich bekannt, dass die Olympischen Spiele alle vierzig Jahre scheitern und weder Glück noch Geld ins Land bringen. Schon 1940 wurden sie in Japan wegen des Weltkriegs abgesagt. Vierzig Jahre später, 1980, sollten sie in der Sowjetunion stattfinden. Wir hatten uns damals alle sehr darüber gefreut und uns gut vorbereitet, neue Hotels gebaut und alte Stadien renoviert. Wir hatten sogar ein riesiges Gummibärchen aufgeblasen, das als olympisches Maskottchen über dem Stadion fliegen und die Gäste aus aller Welt aus der Luft herzlich grüßen sollte. Wir hatten Kuchen gebacken und den Wodka kaltgestellt. Doch die Gäste ließen auf sich warten. Kurz vor Beginn der Spiele war die sowjetische Armee mit Panzern und Artillerie in Afghanistan einmarschiert, um dem afghanischen Volk beim Wiederaufbau einer besseren sozialistischen Gesellschaft zu helfen.

Heute hätte der Einmarsch kaum zu einem Skandal geführt. Es ist inzwischen Tradition, dass Länder, die unter Realitätsverlust und Missionierungsdrang leiden, irgendwann in Afghanistan einmarschieren und später rückwärts wieder raus. Aber damals wurde der Einmarsch der Russen von der kapitalistischen Welt als große Unverschämtheit empfunden. Um sich an den Sowjets zu rächen, boykottierte der Westen unsere schönen Olympischen Spiele.

Die sowjetische Führung, Pioniere und Komsomolzen, Bürgerinnen und Bürger waren etwas enttäuscht, dass die westliche Welt uns nicht besuchen kam, aber geweint hat deswegen keiner. Wir hatten gelernt, dass man auch das Scheitern genießen konnte. Außerdem kamen ja alle unsere Freunde vorbei, die Sportler aus Afrika, aus Jugoslawien, Bulgarien und der DDR.

Menschen, die neben den olympischen Bauobjekten lebten, wussten die Spiele ebenfalls zu schätzen. Meine Eltern und ich wohnten in Moskau nicht weit vom Ruderkanal und der Radrennbahn entfernt, und viele unserer Nachbarn arbeiteten in den olympischen Einrichtungen als Wachmänner, Einlasser und Techniker. Sie waren von ihren Jobs begeistert. Sie hatten Kantinen, Saunas, Eisdielen und sogar ausländische Automaten, die auf Knopfdruck Fanta und Pepsi ausspuckten. Die Erholungsräume für Sportjournalisten und Athleten waren mit japanischen Fernsehern von Sony und mit finnischen Kühlschränken der Marke Porkka lääkejääkaappi ausgestattet, die immer mit Pepsiflaschen gefüllt waren. Es war viel getan worden, um die Gäste aus dem Westen zu beeindrucken. Es war ja nicht unsere Schuld, dass sie nicht kamen. Wir machten aus der Not ein Fest, blieben unter uns, gingen in die Sauna, tranken die Pepsi-Automaten leer, plünderten die Kühlschränke, aßen das ganze Eis auf und gewannen alle Goldmedaillen selbst. Yahoo!

Das riesige aufgeblasene Gummibärchen haben wir losgebunden, es ist sehr schnell in den Himmel entschwunden. Wahrscheinlich dreht es noch immer irgendwo im Weltall seine Runden. Ich würde gern die amerikanischen Milliardäre fragen, die nun andauernd mit ihren privaten oder von Elon Musk geleasten Raumkapseln für Staus im Weltall sorgen, ob sie unser Bärchen schon einmal getroffen haben. Es kann da oben eigentlich nicht zu übersehen sein. Sie sollen es schön grüßen, von mir und Mama.

Nachdem die Spiele zu Ende waren, nahmen meine Nachbarn schöne Andenken an Olympia 1980 mit nach Hause: die kleinen japanischen Fernseher von Sony und die finnischen Kühlschränke der Marke Porkka lääkejääkaappi. Es war in der Sowjetunion gute Sitte, von überallher Souvenirs mit nach Hause zu bringen, beispielsweise ein paar Schrauben von der Arbeit oder ein Besteck aus einem Restaurant. Man gönnte sich ja sonst nichts. Noch Jahre später habe ich diese olympischen Fernseher und Kühlschränke in den Wohnungen gesehen. Bei meinem Nachbarn aus dem ersten Stock stand im Wohnzimmer sogar ein Pepsi-Automat, der aber keine Getränke mehr ausspuckte. Mein Nachbar hatte zunächst angenommen, der Automat würde wie ein Füllhorn funktionieren und es würde bis ans Ende unserer Tage Pepsi fließen, wenn man hinten genug Wasser einfüllte. Es stellte sich aber heraus, dass die hinterhältigen Kapitalisten gepfuscht hatten. Damit er Pepsi lieferte, musste der Automat mit einem speziellen Pulver gefüttert werden. Und das hatten wir nicht. Also ließ der Nachbar den Automaten einfach als Andenken an unser wunderbares versautes Olympia 1980 im Wohnzimmer stehen.

Die Japaner konnten ihre versauten Spiele 2020 nicht wirklich genießen. Zuerst wurden sie wegen Corona um ein Jahr verschoben in der Hoffnung, die Viren würden von allein verschwinden. Ein Jahr später hatte sich die virologische Situation aber nur verschlechtert, und die japanische Regierung beschloss, ihr Olympia auf Teufel komm raus trotzdem durchzuführen. Es verging kein Tag, ohne dass eine Protestdemonstration gegen die Spiele durch Tokio zog. In ihrer Mehrheit hatten sich die Insulaner gegen eine Pandemie-Olympiade ausgesprochen, doch die Regierung wollte ihnen nicht zuhören. Jetzt hatten sie den Salat.

Der japanische Finanzminister beschwerte sich, die Spiele hätten drei Mal so viel gekostet wie ursprünglich geplant. Zwanzig Milliarden hatte man umsonst ausgegeben. Die Spiele fanden ohne Zuschauer statt, Toyota war als Sponsor abgesprungen und wollte die Senderechte nicht kaufen. Als wäre das alles nicht genug, rollte ein Wirbelsturm auf Tokio zu, und mitten in der ersten Olympia-Woche waren Wellen von bis zu acht Metern Höhe zu erwarten. Die Einwohner verließen in aller Eile ihre Stadt. In Japan wütete gerade die vierte oder fünfte Corona-Welle, die Fallzahlen stiegen, nur fünfzehn Prozent der Bevöl-

kerung waren geimpft, im Land wurde der Ausnahme-
zustand verkündet, und die Restaurants und Geschäfte
mussten um 20.00 Uhr schließen. Nur die Sportler und
Journalisten fuhren hin.

Während die deutschen Journalisten stur immer weiter
über irgendwelche Medaillen berichteten, als ginge es in
der aktuellen Situation wirklich darum, wer am schnellsten
laufen konnte, wunderten sich die Russen über die Spar-
samkeit der Gastgeber. Es gab nämlich keine Souvenirs.
Die Zimmer der Sportler waren sehr spartanisch ausgestattet, sie mussten auf Betten aus Pappe schlafen, und Fernseher gab es gar nicht, angeblich, um die Athleten nicht
abzulenken. Kühlschränke waren ebenfalls nicht vorhan-
den, damit die Gäste sich nur mit garantiert desinfizierten Lebensmitteln aus der Kantine ernährten und keine
verseuchten Produkte von außerhalb ins Olympische Dorf
schleppten. Auf Vakuumverpackungen konnten die Viren
nämlich angeblich bis zu drei Tage überleben.

»Nee«, sagten die Russen, »unsere verfluchte Olympiade
war besser als eure. Ihr müsst noch lernen, wie man das
Scheitern genießt.«

## Das Problem mit der Einsamkeit

Ein großes Problem im Alter ist die Einsamkeit. So habe ich es bei meiner Mutter und ihren noch übrig gebliebenen Freundinnen bemerkt. Sie lebten alle allein, ihre Männer waren verstorben, die Kinder längst weggezogen. Doch meine Mutter kam mit dieser Situation gut zurecht. Sie hatte eine Katze, der sie seit Jahren ergebnislos gute Manieren beizubringen versuchte, sie telefonierte oft mit ihren Verwandten in Moskau und unterhielt sich mit dem Schachprogramm in ihrem Computer. Dieses Programm spielte immer schlechter und dachte immer länger nach. Manchmal erklärte Mama dem Computer, was ein besserer Zug wäre. Außerdem sprach sie mit den Nachbarn, mit der Kassiererin im Supermarkt und mit der Blumenverkäuferin, bei der sie jedes Jahr ihre Englische Edelgeranie *Pelargonium grandiflorum* kaufte. Und sie ließ das russische Fernsehprogramm mit voller Lautstärke laufen, schaute sich allerdings ungern die politischen Talkshows an, weil die Russen in diesen Sendungen neuerdings so schrien, als wäre der Dritte Weltkrieg ausgebrochen.

Schon mehrmals haben sich Nachbarn bei meiner Mutter erkundigt, was da los sei, wieso die Russen so herumbrüllten. Die Nachbarn hatten ihre Kindheit in der sowjetischen Besatzungszone in Brandenburg verbracht und die Russen als freundliche und ruhige Besatzer in Erinnerung behalten. Alles gut, beruhigte sie Mama, mit den Menschen sei alles in Ordnung, nur die politische Führung habe sich mit der ganzen Welt zerstritten. Mit Putin sei ein selbstverliebter Macho an der Macht, sehr unausgewogen, obwohl er Sternzeichen Waage sei. Mama mochte Putin nicht.

Ihre beste Freundin Tante Inge wohnte am Stadtrand in einer sehr stillen Wohnung. Ihr Mann war vor Jahren verstorben, die Kinder und Enkel hatten sich weit weg von zu Hause ihr eigenes Leben aufgebaut, und Tante Inge hatte es versäumt, sich rechtzeitig eine Katze zu besorgen und Schach spielen zu lernen. Wegen ihrer Alzheimererkrankung konnte sie sich manchmal nicht einmal mehr erinnern, wie man den Fernseher anmachte. Sonst war sie aber ganz fit und wollte sich nicht eingestehen, dass sie alles vergaß. Wenn sie sich mit meiner Mutter über Konzerte unterhielt, die sie gemeinsam besucht hatten, behauptete sie, sie habe diese Musik nie gehört. Punkt. Meine Mutter regte sich sehr darüber auf.

Einmal die Woche kam Tante Inge zu Mama zum Kaffeetrinken. »Ich verstehe überhaupt nicht, wie du so leben kannst, ohne ein Wort mit jemandem zu wechseln«, wunderte sich meine Mutter. »Du lebst ein Stillleben.«

»Mitnichten«, widersprach Tante Inge. »Ich spreche mit meinen Pflanzen. Und das tut ihnen richtig gut. Einige habe ich schon im vorigen Jahrhundert gekauft, und sie blühen noch immer jedes Jahr. Und du kaufst dir deine Geranien jedes Jahr neu. Sie werden bei dir so schnell gelb und trocken, weil du niemals mit ihnen sprichst«, sagte die Tante. »Es reicht nämlich nicht, eine Pflanze einfach nur in die Erde zu stecken, einmal zu gießen und tschüss. Man muss seine Gefühle mit ihr teilen, seine Freude darüber, dass es sie gibt. Außerdem stoßen wir Menschen beim Flüstern $CO_2$ aus, das mag für das Klima schädlich sein, für die Pflanze ist es aber das beste Mittagessen.«

»Natürlich rede ich nicht mit meinen Pflanzen«, antwortete Mama. »Ich bin doch nicht verrückt, mich mit Geranien zu unterhalten.«

Daraufhin stand Tante Inge vom Sessel auf, ging zu Mamas neuer *Pelargonium grandiflorum*, die bereits im Sterben lag, strich ihr zärtlich über die Blätter und flüsterte leise etwas in den Topf.

»Das ist okay«, dachte meine Mutter. »Wir bewerten unsere Freunde nicht danach, wie viele Tassen sie noch im Schrank haben.«

Am nächsten Morgen wachte meine Mutter auf, ging ins Wohnzimmer, und die Geranie war wie ausgewechselt.

Sie stand aufrecht im Topf, frisch und munter wie gestern gekauft. Meine Mutter staunte nicht schlecht und rief sofort Tante Inge an:

»Was hast du meiner Geranie gestern erzählt?«, fragte sie.

»Was für einer Geranie?« Die Tante tat so, als würde sie sich an nichts erinnern.

»Du hast gestern erzählt, man solle mit seinen Pflanzen reden, um seine Gefühle und so weiter und sein $CO_2$ zu teilen. Dann hast du ihr irgendetwas erzählt, und jetzt ist sie wie neu. Erzähl mir das doch bitte auch!«

»Tut mir leid, ich weiß überhaupt nicht, wovon du redest«, sagte Tante Inge. »Ich habe kein Wort mit deiner Geranie gesprochen.«

Und so blieb das Geraniengespräch ein Geheimnis. Jedes Mal, wenn Tante Inge Mama besuchte und sie zusammen in der Küche saßen, stellte Mama die Pflanze für alle Fälle mitten auf den Tisch. Doch Tante Inge hat nie wieder mit ihr geredet.

## Die Gurkensalate der Apokalypse

Ich bekam permanent Gänsehaut, wenn ich bei Google die Nachrichten aufrief: Putin führte einen Krieg gegen Europa, die Situation in Afghanistan eskalierte, der Mauerpark in Berlin wurde immer gefährlicher, und Deutschland steckte in einer Komplexitätsfalle. Die Nachrichten waren deprimierend. Aber es war nicht alles schlecht unter der Sonne: Zwischendurch küsste der Wendler seine Laura, musste danach aber sofort sein Haus in Florida verkaufen. Sie küsste ihn zurück und postete Herzchen auf Instagram. Die Welt war noch nicht ganz verloren, solange es solche wahre Liebe gab.

Auch meine Mutter las Nachrichten bevorzugt im Netz, aber ihre Nachrichtenwelt unterschied sich auffällig von meiner. Es war fast, als würde Mama nicht im selben Haus leben, sondern auf einem anderen Planeten. Ich staunte jedes Mal, wenn wir uns über die Weltlage austauschten.

»Ich würde gerne nach Hamburg fahren«, sagte Mama. »Dort hat John Neumeier sein neues Beethoven-Ballett uraufgeführt, es muss fantastisch sein. Und Putin hat sich mit russischen Kosmonauten getroffen, um sie zu fragen, ob und wann wir endlich den längst geplanten Kontakt mit fremden Zivilisationen aufnehmen. Die Kosmonauten haben ihm versprochen, spätestens bis Ende seiner Legislaturperiode einen echten Außerirdischen in einem Käfig aus dem Weltall zu bringen.« Das könne dann wohl noch dauern, hatten oppositionelle Journalisten sofort geschrieben.

Mama hatte immer viele gute Nachrichten zu erzählen. Der ehemalige Solist des Bolschoi-Balletts, den sie sehr verehrte, hatte nun eine eigene Tanzschule in St. Petersburg für besonders begabte Kinder gegründet, und thailändischer Gurkensalat mit Koriander war vom internationalen Kochkomitee offiziell als gesündestes Gericht der Welt anerkannt worden.

Mamas heile Nachrichtenwelt bestand hauptsächlich aus Ballettpremieren, Außerirdischen und Rezepten für Gurkensalat. Ab und zu wurden dort aber auch von schnurrbärtigen russischen Politologen die wirklich wichtigen Fragen der internationalen Politik diskutiert: Warum waren die Amerikaner dumm? Wo steckte Greta? Und wieso hatten die Taliban kein Corona, obwohl sie sich nicht impfen ließen?

Ich verstand natürlich, dass Mama und ich von hinterhältigen Algorithmen an der Nase herumgeführt wurden. Die Nachrichten, die man uns auftischte, wurden deswegen ausgewählt, weil wir einmal auf etwas Ähnliches im Netz geklickt hatten. So hatte ich vor vielen Jahren eher aus Versehen auf das komische unrasierte Gesicht eines Corona-Leugners im Netz geklickt. Seitdem waren der Wendler und seine Laura zum festen Bestandteil meiner Nachrichtenwelt geworden. Und meine Mutter hatte einmal eine Packung Gurken eine Woche lang im Kühlschrank liegen lassen, sodass sie etwas verfault, aber noch nicht ganz hinüber waren. Als sparsame Köchin hatte sie die Gurken nicht wegwerfen wollen und im Netz nach einem Rezept für eingelegte Gurken gesucht. Seitdem glaubte der Algorithmus, sie würde sich in erster Linie für Gurkensalat interessieren. Sobald sie die Nachrichten aufrief, überschwemmte er daher ihren Bildschirm mit neuen Rezepten, hauptsächlich aus dem asiatischen Gurkenverzehrraum.

Anders als ich hielt meine Mutter diese kulinarischen Neuigkeiten für echte Nachrichten, und ich wollte ihr diese Illusion nicht nehmen. Ich würde sogar gerne in Mamas Welt umziehen. Mir schmeckte Gurkensalat, und die wahren, also die wirklich wahren Nachrichten würden wir sowieso nie erfahren. Wir konnten nichts dagegen tun, die künstliche Intelligenz hatte uns fest im Griff. Sie formte uns, sie verschaffte uns neue Werte und Prioritäten, neue Begierden und Lebenskonzepte. Jeder von uns lebte längst in seiner eigenen Welt, die mit der des Nachbarn nur noch am Rande etwas zu tun hatte. Der Algorithmus kochte jedem sein persönliches Beruhigungssüppchen nach individuellem Rezept. Er hielt uns die Apokalypse vom Hals und versorgte uns mit Pseudonachrichten wie mit Beruhigungsmitteln, die uns halfen, in der undurchsichtigen, mit Informationen überladenen Welt nicht durchzudrehen. Insofern war der Wendler bei mir das, was bei Mama der Gurkensalat war.

Wir tun alles, um uns vor der Realität zu verstecken: Masken im Gesicht, Hut, Handschuhe und Brille auf, Schranken zu, Grenzen dicht, Computer an. »Abstand wahren« las ich neulich auf einem Schild an der Autobahn und holte automatisch meinen Mund-Nasen-Schutz aus dem Handschuhfach. Abstand und soziale Distanz waren feste Bestandteile unseres Lebens geworden. Am Anfang galten sie als wirksames Mittel, um die Viren davon abzuhalten, in uns einzudringen. Inzwischen war die Distanz tiefer in das Bewusstsein der Menschen vorgedrungen als die Viren. Die allerdings mutierten unaufhaltsam, und wir mutierten mit ihnen. Corona war eine kollektive Erfahrung. Masken und Abstand, alles, was wir noch vor Kurzem als notwendige Übel wahrgenommen hatten, war nun zur gesellschaftlichen Norm geworden. Die soziale Distanz dämmte unsere Ängste, die Apokalypse wurde auf später verschoben oder noch besser: Sie fand woanders statt, weit weg von zu Hause in Indien, in Bangladesch, in Afghanistan, in den Wäldern Amazoniens, jenseits der Gurkensalate und Wendlers, dort, wo wir nicht waren.

Wir taten es den Amerikanern nach, wir zogen uns zurück. Wir konnten die Welt sowieso nicht retten, wir waren zu beschäftigt. Zum Beispiel mit der Entwicklung von Antikörpern. Immer öfter traf ich auf der Straße Menschen mit einer kleinen Flasche Desinfektionsmittel in der Hand. Sie desinfizierten sich alle paar Minuten und fühlten sich danach gleich besser. Dieses Phänomen hatte bereits der Wiener Professor Sigmund Freud als obsessiv kompulsive Zwangsstörung beschrieben. Betroffene Patienten verspüren den Drang, sich ständig die Hände zu waschen oder zu desinfizieren, andernfalls werden sie unruhig und nehmen ihre Umgebung als schmutzig und ungesund wahr. Sie können die Ursache ihres Leidens allerdings nicht feststellen. Freud vermutete ein psychisches Trauma aus früher Kindheit, an das sich die Patienten nicht mehr erinnerten, vor dem sie aber unbewusst Schutz durch Händewaschen suchten.

Wäre Freud heute noch am Leben, hätte er an Patienten keinen Mangel. In unserem Fall sind die Verursacher des Übels aber leichter auszumachen: Es sind die Nichtgeimpften. Sie bieten mit ihren Körpern den Viren Asyl und übertragen sie weiter. Deswegen wurde unsere Gesellschaft im Herbst 2021 im Schnelltempo neu gegründet und hieß ab sofort 2G-Gesellschaft. Nur geimpft und nachweislich genesen sollten sich die Menschen in der Öffentlichkeit blicken lassen. Die vorläufig Gesunden und vermutlich Falschgetesteten gehörten ab sofort nicht mehr dazu. Allerdings wusste niemand, wie lange die Impfung wirkte. Galt man auch nach acht Monaten noch als geimpft? Meine Mutter fragte bereits im August nach der nächsten Spritze: »Sollen wir nicht mal beim Gesundheitsamt anrufen?«, meinte sie.

»Die werden sich schon bei uns melden«, beruhigte ich sie.

Die neu gegründete 2G-Gesellschaft feierte sich währenddessen in den Discos und Clubs, sie ließ hemmungslos die Masken fallen. Zu ihrem 25. Geburtstag ging meine Tochter mit ihren geimpften Freundinnen nach langer Pause wieder in die Bravo Bar zum Tanzen. Der Laden war rammelvoll, und das längst vergessene Gefühl, von fremden, streng riechenden Körpern umgeben zu sein, stellte sich wieder ein. Prompt bekam Nicole Angst vor so viel Nähe und nahm jede Berührung mit Fremden als äußerst unangenehm wahr. Auch ihre Freundinnen fühlten sich unwohl. Wahrscheinlich würde der Alkohol die Lage entspannen, dachten sie. Aber auch nach drei Aperol Spritz wurde es nicht besser. Die Lust am Tanzen erlosch.

Professor Freud hatte die von ihm beschriebene Zwangsstörung noch individuell bei seinen Patienten diagnostiziert und behandelt. In der Pandemie wurde aus einer persönlichen Diagnose ein kollektives Symptom. Soziale Distanz wurde zur Überlebensstrategie, und immer mehr Menschen hielten sich vorsichtshalber von anderen fern.

Nach dem Club ging meine Tochter mit Freunden zum »Zug der Liebe«, einer Art Loveparade, bei der fünfzehn Trucks langsam durch die Stadt fuhren und die Umgebung mit Technomusik beschallten. Vielleicht klappte es ja auf der Straße besser mit dem Tanzen, dachten alle. Die Veranstalter vom »Zug der Liebe« hatten diesen als politische Demonstration angemeldet, um ein Zeichen für Gemeinschaft, Nächstenliebe, Mitgefühl und soziales Engagement zu setzen. Zur selben Zeit fand in Berlin noch eine andere Demonstration statt. Das dritte G, die Impfgegner, protestierten gegen die neu gegründete 2G-Gesellschaft. Es passierte, was passieren musste. Die 2Gs und das abgekoppelte dritte trafen aufeinander, der Zug der Liebe vermischte sich mit den Impfgegnern, und alle tanzten halb nackt auf der Straße. Für die Polizei war es schlicht unmöglich, die Guten von den Bösen zu unterscheiden. Die Beamten konnten schließlich nicht jeden fragen, »Sind Sie für Nächstenliebe oder gegen die Impfpolitik?« Der Umzug wurde aufgelöst, und alle Gs sollten nach Hause gehen.

»Was mache ich nur mit meinen ungeimpften Freunden?«, fragte Mama. »Lade ich sie ein oder aus? Wie soll es weitergehen?« Ich konnte es ihr auch nicht genau sagen. Eines stand fest, die Gesellschaft war im Wandel. Das Ausschlussverfahren hatte schon vor langer Zeit begonnen – ene mene muh, und raus bist du. Irgendjemand musste raus, es wurde also nach Schuldigen und potenziellen

Gefährdern gesucht. Aus der langen Reihe der Schuldigen wählten die Europäer die Chinesen aus und schoben ihnen den Schwarzen Peter zu. Die Chinesen schoben ihn an die Wissenschaftler weiter, die Wissenschaftler an die Fledermäuse, und die Fledermäuse standen dumm da. Sie hatten niemanden, an den sie die Schuld weiterreichen konnten. Eine Zeit lang waren die Jugend und die Geflüchteten an allem schuld gewesen. Nun hatten die Nichtgeimpften die Stelle der Fledermäuse besetzt.

Werden wir jeweils wieder zusammen tanzen? Irgendwann in ferner Zukunft, wenn Putins Legislatur zu Ende ist? Werden wir in einem Siegeszug der Liebe durch die Stadt ziehen, die Jugend, die Geflüchteten, die Chinesen und die Fledermäuse? Es könnte ein fantastisches modernes Ballett werden, durchaus würdig, von John Neumeier choreografiert zu werden. Den Wendler und seine Laura laden wir selbstverständlich zum Mittanzen ein, die russischen Kosmonauten auch. Vorausgesetzt sie befreien den Außerirdischen aus seinem Käfig.

Ich mache natürlich auch mit. Und am Rande des Liebeszuges könnte meine Mutter stehen und Gurkensalat in Pappschälchen anbieten. Selbstverständlich klimaneutral bioverpackt.

## Die Welt von morgen schon heute

Wir saßen mit Mama und den Kindern an einem warmen herbstlichen Tag auf dem Balkon, vor uns ein großer Aschenbecher. Draußen flogen die Amseln, auch sie feierten das Leben. Das Wetter war perfekt. Nicht zu kalt und nicht zu heiß, das nepalesische Restaurant unter uns im Erdgeschoss war knackevoll, und der Geruch von gekochten Teigtaschen, Kraut und Desinfektionsmittel drang zu uns herauf. Er erinnerte mich seltsamerweise an meinen sowjetischen Kindergarten. Lustige Gesichter lächelten uns von den Straßenlaternen und Bäumen zu, sie wollten uns in die Zukunft führen, die geheimnisvoll und neblig schien. Deswegen formulierten sie ihre politischen Pläne auf den Wahlplakaten möglichst vage, es war ein Wortsalat, der alle beruhigen sollte: Respekt, Toleranz, Kompetenz mit Sicherheit, aber normal, ohne Krise, sozial gerecht aufstocken, zurück zur Normalität, gemeinsam in die Zukunft. Direkt vor unserem Balkon auf einem Vogelbeerbaum stand etwas Vielversprechendes bezüglich der Autobahn. Ob ihr Ausbau beschleunigt oder verhindert werden sollte, war nicht eindeutig zu verstehen.

Meine ganze Kindheit und Jugend hatten unter solchen nichtssagenden Plakaten stattgefunden. Sowjetische Plakate waren eine stets ausreichend vorhandene Requisite, die unseren Alltag begleitete. Sie hingen das ganze Jahr über in den Geschäften und an den Hausfassaden: *Mutig in die Zukunft, Friede den Hütten, unser Ziel ist Kommunismus, Arbeit ist Würde, Streichhölzer sind kein Kinderspielzeug, Die Entscheidungen des XXVI. Parteitags ins Leben, Fünfjahresplan in vier Jahren.* Niemand hat sie kritisch hinterfragt, niemand regte sich darüber auf, dass wir diesen mysteriösen Fünfjahresplan in vier Jahren schaffen sollten und was wir dann das ganze fünfte Jahr machen würden. Däumchen drehen? In den Urlaub fahren? Allen war klar, unsere Regierenden taten nur so als ob. Sie wollten die Welt nicht wirklich umbauen. Vor allem aber mussten wir Bürger auch gar nichts tun, nur loyal sein und optimistisch grinsen. Es war nicht alles gut damals, aber irgendwie schon entspannter.

Heute leben wir in einer sehr komplexen, schwer nachvollziehbaren Welt, die uns Angst macht. Die industrielle Ökonomie mit ihren klar definierten vorgegebenen Lebensläufen – man studiert einmal, arbeitet bis zum Rentenalter und fliegt einmal im Jahr nach Mallorca – kam an ihr Ende. Die alten politischen Parteien steckten in der Krise, die Familien zerbröselten, die Jugend zog es vor, alles Mögliche gleichzeitig zu studieren, in Projekten zu arbeiten und in Kollektiven zu leben. Beinahe täglich entstanden neue Identitäten, neue Gender, neue soziale Rollen. Millionen Menschen waren unterwegs und vermuteten ausgerechnet in Deutschland einen besseren Ort als den, von dem sie gekommen waren. Sie brachten ihre Kulturen, ihre Religionen, Bakterien und Viren mit. Dazu spielte auch noch das Klima verrückt.

Doch die Menschen auf den Plakaten wollten beruhigend wirken: Lehnt euch in den Sessel zurück, wir machen eure Zukunft klar. Ihr braucht uns nur zu wählen, wir schaffen das! Niemand bleibt im Regen stehen, wir können ganz schlau zwischen Ökonomie und Ökologie in die klimaneutrale Welt steuern, vorausgesetzt wir werden Minister.

Natürlich waren das leere Versprechen. Die Tanten und Onkel auf den Plakaten wussten gar nichts über die Zukunft. Nur die Kids kannten sie. Sie waren nämlich diejenigen, die diese Zukunft aufbauten.

»Hey, Kids, wie sieht die Zukunft aus? Wird die Autobahn aus- oder abgebaut?«, fragte ich die Jugend auf dem Balkon.

»Du wirst dich wundern, Papa«, sagten sie. »Wir werden die A 100 um die Stadt mächtig ausbauen mit zehn Fahrradstreifen in beiden Richtungen. Alle Autos müssen raus aus der Stadt, auch die selbstfahrenden Elektroautos werden sich nicht durchsetzen, sorry, so viel Strom haben wir nicht. Sie werden den Fahrrädern, Skatern und Lastkraftkutschen weichen. Sämtliche Parteien werden abgeschafft. Tut uns leid für die Leute auf den Plakaten, aber die Bürgerinnen und Bürger werden das Regieren selbst übernehmen. Das Amt der Bürgermeisterinnen wird jedes halbe Jahr von einer anderen Bürgerinitiative besetzt und zwar in alphabetischer Reihenfolge von ALvonSo – Arabische Lesben von der Sonnenallee – bis Zynische Tierfreunde e.V.

In die leer stehenden Büroräume und ehemaligen Gewerberäume des Einzelhandels ziehen Berliner Kommunen ein, Menschen, die sich nach Interessengruppen zusammentun und ihre Wohn- und Arbeitsbüros als alternative Lebensentwürfe verwirklichen. In die Betonklötze der leeren Parkhäuser und die pleitegegangenen Einkaufspassagen, die zu Kollateralschäden der Internetökonomie geworden sind, ziehen Landwirte ein, die Gemüse und Kunstfleisch ökologisch anbauen. Der Kohleausstieg wird vollzogen. Die unzähligen Fitnessstudios werden zu freiwilligen Stromerzeugungsstätten umgebaut, in denen die Menschen an Geräten trainieren, die gleichzeitig Strom für die Stadt, aber nicht für Autos produzieren. Der Berliner Flughafen wird geschlossen. Wenn Gott wollte, dass die Menschen fliegen, hätte er ihnen Flügel gegeben. Amen Akbar!

Der Verein Hertha BSC spielt erfolgreich in der Frauen-Bundesliga in der Mitte der Tabelle, er behauptet sich sogar gegen die Borussinnen Dortmund und Werderinnen Bremen. Im Siegeszug des Gleichberechtigungskampfes wird Fußball im Übrigen ein von Frauen dominiertes Spiel sein. Aufgrund sinkender Einschaltquoten geben Männer sogar einige Sportarten komplett zugunsten der Frauen auf und konzentrieren sich auf Dart, Gymnastik mit Band und Synchronschwimmen.

Der Berliner Küche winkt eine ruhmreiche Zukunft. Sie wird überall auf der Welt, besonders aber in China, hochgeschätzt. Die Deutschen werden nämlich paneurasisch kochen. Ein typisches Gericht dieser Küche wird die berühmte Berliner Pho-Suppe sein mit Falafelnudeln und Tofu-Currywurst. Die türkischen Läden bieten fleischfreie Döner mit Melone und Salat an, die Russen rollen Russian Sushi – Reistaschen mit Salzgurke und Schnaps.«

»Und ich? Was mache ich in dieser schönen neuen Welt?«, hakte ich nach.

»Nichts«, meinten die Kinder. »Du sitzt weiter auf dem Balkon und erzählst, dass früher alles besser war.«

## Zum 3. Oktober

»Wir Russen, die in der Sowjetunion aufgewachsen und sozialisiert wurden, sind verlorene Menschen«, erzählte ich meinen ostdeutschen Freunden, als wir sie mit Mama zusammen bei Neuruppin besuchten. »Wir wurden aus dem Reagenzglas des angeblich größten sozialen Experiments der Weltgeschichte einfach ausgeschüttet.« Neben uns im gleichen Glas saßen natürlich auch die Bürgerinnen und Bürger der DDR, sie wurden jedoch, als die Zeit reif war, sorgfältig in die Bundesrepublik hineingegossen. Kein Mäuschen ging verloren.

In Russland hatte niemand gewusst, wie das Experiment enden würde und ob wir später überhaupt noch gebraucht würden. Würde man in unserem Land weiter neue kommunistische Mäuse mit übernatürlichen Fähigkeiten züchten, oder sollten wir alle im Labor sterben? Das Experiment wurde an der interessantesten Stelle abgebrochen, nicht weil die Mäuse nicht mehr wollten – die hatte eigentlich niemand gefragt –, sondern weil der Laborleiter keine Lust mehr hatte. Die Mäuse liefen in alle Himmelsrichtungen, der Ausgang des Experiments blieb offen. Die Idee einer kommunistischen Gesellschaft wurde vorerst auf Eis gelegt. Vielleicht würde man sie später einmal unter anderen Umständen in einem anderen Land neu beleben. Doch für meine Landsleute war es schwierig bis unmöglich, jenseits des Labors die Kurve zu kriegen. Manchmal glaube ich, die kapitalistisch erzogenen Normalsterblichen hielten uns für nicht ganz dicht.

»Bei euch in der DDR war es ganz anders«, sagte ich zu unseren ostdeutschen Freunden. »Ihr habt sehr selbstbewusst gegen das Experiment demonstriert, die Mauer auseinandergenommen und schließlich das Land gewechselt, ohne dafür verreisen zu müssen.«

»Nein«, sagten meine Freunde unisono, »so war es nicht.«

»Ich bin damals zwar schon mit meinem Vater auf die Straße gegangen«, sagte mein Neuruppiner Freund, »aber erst nach der Wiedervereinigung. Wir haben gegen die Schließung der Betriebe und die Massenentlassungen demonstriert. Ich war in der sechsten Klasse, als wir auf einmal unsere Pionierhalstücher und Schulbücher abgeben mussten. ›Ab Montag werdet ihr neue Lehrbücher bekommen, sie werden euch in eurem Erwachsenenleben helfen‹, hatte der Hausmeister gesagt. Die alten DDR-Schulbücher hatte er auf dem Hof hinter der Schule verbrannt. Sie brannten schlecht. Entweder waren sie von Schweiß und Tränen mehrerer Pioniergenerationen durchnässt, oder das

Papier war von schlechter Qualität. Es gab mehr Rauch als Flammen auf den Schulhöfen der DDR.«

Diese Geschichte erinnerte mich an die Erzählungen einer anderen alten Freundin aus Görlitz, die dort früher eine Bibliothek geleitet hatte. Nach der Wiedervereinigung hatte sie einen Stapel blauer Säcke bekommen und die Anweisung, den gesamten Bücherbestand vorübergehend dort hineinzupacken, bis sie abgeholt wurden. Die neuen Bücher seien schon unterwegs, hieß es. Die Bibliothekarin hatte das Gefühl, sie selbst, ihr ganzes Leben, sollte in diesen blauen Säcken verschwinden. Sie konnte bei dieser Aktion nicht mitmachen und kündigte freiwillig.

Mein Nachbar aus Cottbus, einst Elefantenpfleger im Cottbusser Zoo, hatte noch im Oktober 1990 gekündigt, nachdem der Zoo einen neuen Westdirektor bekommen hatte.

»Wir müssen effizienter arbeiten«, hatte der Westdirektor gesagt. »Es geht nicht, dass sechs Menschen drei Ostelefanten pflegen, während dieselbe Anzahl von Westelefanten von nur einem Pfleger gefüttert wird.«

Mein anderer Nachbar war NVA-General gewesen. Nach der Wiedervereinigung wollte die Bundeswehr all die Ostgeneräle allerdings nicht übernehmen. Sie wurden zu Obersten degradiert und in Rente geschickt. Er ist daraufhin schwer krank geworden.

Der ehemalige Chef meiner Lieblingskneipe in Berlin

wiederum hatte früher bei der Stasi gearbeitet. Er war für einen großen Berliner Betrieb zuständig gewesen, wo es zu seinen Aufgaben gehört hatte, vertrauliche Gespräche mit den Mitarbeitern zu führen und die allgemeine Stimmung sowie die persönlichen Meinungen der Arbeiter zu politischen und privaten Themen zu erkunden. Auch er verlor nach der Wiedervereinigung seinen Job, machte eine Umschulung zum Koch und eröffnete eine Kneipe. Noch Jahre später versuchte er, seine Stasi-Methoden in der Küche seiner Gaststätte einzusetzen. Um das Betriebsklima zu verbessern, führte er mit allen Mitarbeitern vertrauliche Gespräche und fragte sie, was sie von ihren Kollegen hinterm Tresen hielten. Vielleicht schrieb er diese Gespräche sogar auf, aber es gab keine Zentrale mehr, an die er seine Berichte schicken konnte.

Ja, die Ostdeutschen hätten damals demonstriert, erklärten mir die Freunde und Nachbarn, sie wollten aber nicht, dass ihr ganzes Leben auf den Kopf gestellt wurde. Sie hatten nicht mit einem solchen Statusverlust gerechnet. Sie waren in ihrer DDR gut behütet aufgewachsen, ihr Lebenslauf war vom Staat sorgfältig organisiert worden. Wenn ich sie richtig verstanden habe, hatten alle Ostdeutschen gleich nach der Geburt einen »Ausweis für Arbeit, Spaß und Sozialversicherung« bekommen. Dieses Büchlein musste man überall mit hinnehmen, ob man zum Arzt, zur Schule oder zur Arbeit ging. Sämtliche Arbeits- und

Liebesverhältnisse, alle wichtigen Lebenspunkte wurden in dieses Buch eingetragen, und nach dem Tod musste das Buch bei der Volkskammer oder bei der Stasi abgegeben werden.

Im Grunde hatten die meisten ihre DDR gemocht, nur das Ostgeld konnte niemand leiden. Es hatte nur über begrenzte Kaufkraft verfügt und merkwürdig ausgesehen. Besonders die Münzen, im Volksmund als Alu-Chips verspottet, sahen wie Spielgeld für Monopoly aus, total unseriös.

»Wir wollen Westgeld!«, forderten die Menschen laut nach dem Fall der Mauer, als sie die verlockenden Geschäfte des Westens besuchen konnten. Dummerweise konnte man dort nicht mit Ostgeld zahlen. Auf den Rest der DDR wollten sie allerdings nicht verzichten, immerhin hatten sie nach dem Mauerfall brav die neue Volkskammer gewählt. Der hinterhältige Westen, so sagten es meine Nachbarn, habe die DDR mit der Währungsunion gekauft. Jeder bekam richtiges Westgeld, hundert Mark oder mehr, und konnte sein DDR-Spielgeld umtauschen, wenn auch nicht 1:1 und nur bis zu einer bestimmten Höhe. Aber die Menschen waren glücklich.

Drei Monate später war die DDR als einziges europäisches Land aus dem sozialistischen Lager endgültig von der Weltkarte gelöscht und restlos verschwunden. Auf einmal waren die Bürger auf sich allein gestellt. Sie verloren ihre Arbeit, und niemand wollte mehr mit ihnen vertrauliche Gespräche führen, niemand wollte noch etwas über die allgemeine Stimmung im Kollektiv wissen. Die meisten Betriebe wurden geschlossen, die Stimmung war mau. Das neue Westgeld musste man sich hart erarbeiten, aber ohne recht zu wissen wie. Die einen gaben auf und gingen unter. Die anderen versuchten ihr Glück im kapitalistischen Hamsterrad. Einige haben es geschafft: Spreewälder Gurken, Bautzener Senf, Rotkäppchen Sekt und Russischbrot. Sie werden noch immer gerne im Osten der Republik genossen.

»Und was ist mit dem alten lustigen Ostgeld passiert? Mit den ganzen Alumünzen, die nach der Währungsunion überall auf der Straße und in den Mülleimern lagen?«, fragte mich meine Mutter. Sie erinnerte sich noch gut an dieses komische Geld, das leichter war als Luft. Immerhin hatte Mama schon vor dem Fall der Mauer zwei Mal ihre Freundin in der DDR besuchen dürfen und hatte die ostdeutschen Münzen gut in Erinnerung behalten. Ich erzählte ihr die Wahrheit. Ich hatte nämlich recherchiert und daher Grund zur Annahme, dass diese Münzen ebenfalls gegessen worden waren: Laut meiner Nachforschungen waren die Alumünzen zu Barren eingeschmolzen und von der Treuhand den Betrieben überlassen worden, die Aluminiumsalze brauchten. Das waren vor allem Unternehmen der Kosmetik- und Pharmabranche. Alu-

Substanzen wurden bei der Herstellung von Lippenstiften, Deos, Zahnpasta und Tabletten gegen Sodbrennen gebraucht. Das Geschäft mit Kosmetik und Drogerieartikeln lief damals blendend, vor allem im Osten wollten die Menschen gut aussehen, wenn sie auf Arbeitssuche gingen. Und sie hatten bestimmt auch öfter Sodbrennen wegen ihrer ungewissen Zukunft.

»Welch böse Ironie würde hinter dieser Geschichte stecken: Das neue Westgeld hat die Menschen mit ihrem alten Geld gefüttert«, sagte Mama nachdenklich. Zuerst kam das Sodbrennen und dann die Ostalgie. Wir wissen nicht, was wir vermissen, bis wir es gegessen haben.

## *Wanderlust*

»Ich habe nichts gegen Autos, die vollelektrisch fahren«, sagte Renate. »Aber diese preiswerten Flüge sollte es wirklich nicht mehr geben. Sie verpesten nur die Umwelt.«

Sie schaute mich an, als wäre ich der Hauptverpester, ein Kurzstreckenpilot, der sich weigerte zu landen. In der Tat gehörte ich zu den wenigen Menschen, die Kurzstreckenflüge vermissten. Früher konnte ich aus Berlin zu einer Lesung nach Baden-Baden fliegen, ich konnte sogar Trier oder Neunkirchen innerhalb weniger Stunden erreichen. Es gab direkte Flüge von Köln nach Hamburg und von Karlsruhe nach Leipzig. Das ist alles längst Vergangenheit. Die meisten Fluglinien innerhalb des Landes waren bereits von der ersten Corona-Welle gefressen worden, dadurch war Deutschland sehr groß, weit und unübersichtlich geworden. Die Autobahnen waren nur noch Baustellen, die Züge fuhren langsamer, die Reiselust wurde erdrosselt.

»Wir nehmen immer den Bus, wenn wir verreisen wollen«, sagte Renate. »Ich habe gelesen, dass es inzwischen Busse gibt, die vollelektrisch fahren. Bis nach Erfurt ist es gar nicht so weit. Da kann man schon fast zu Fuß hingehen!«

Ich stellte mir vor, wie Renate zu Fuß nach Erfurt ging, und musste lachen. Renate gehörte zum Freundeskreis meiner Mutter, zu seinem reiselustigen Flügel. Es gab in diesem Freundeskreis zwei Gruppen, ich nannte sie die Aperol-Spritz-Damen und die Eierlikörchen. Die Aperols propagierten einen aktiven Lebensstil und waren ständig am Planen. Sie schauten sich gerne Dokus wie *Mit 80 Jahren um die Welt* an, während die Eierlikörchen am liebsten auf dem Sofa saßen, Musik hörten und fernsahen. Die Aperols dagegen hatten jeden Monat einen neuen Plan.

Ihre neueste Idee war es, der Spur der größten Komponisten zu folgen. Am liebsten derjenigen, die nicht weit weg im Osten musizierten. Auf ihrer Liste der großen Komponisten war Johann Sebastian Bach beinahe der einzige Ossi. Seine Kindheit und Jugend hatte er in Thüringen verbracht und später in Sachsen in die Orgeltasten gehauen, was nicht wirklich weit von Berlin entfernt war.

»Wir fahren mit einem Elektrobus hin!«, meinte Renate. »Ich habe gelesen, dass es mittlerweile Elektrobusse gibt, die aufgeladen eine Strecke von bis zu vierhundert Kilometer fahren können.«

Zu Bach mit dem Elektrobus, was für eine großartige Idee, dachte ich. Nicht nur die Roller-Jugend, auch die Alten folgten dem Trend der Zeit. Sie waren umweltbewusst geworden, wollten für ihre Späße kein Kerosin verschwenden, und der Strom kam bekanntlich aus der Steckdose, war also saubere Energie. Es war nur eine Frage der Zeit, bis es den Menschen endgültig gelang, die Sonne als nachhaltige Energiequelle anzuzapfen. Dann konnten die Damen auch zu Beethoven nach Bonn oder zu Mozart nach Salzburg fahren. Solange das nicht der Fall war, blieben sie bei Bach, dem Ossi unter den Weltkomponisten.

Allerdings planten sie diese Reise nun schon seit über einem Jahr, und es war noch kein Elektrobus mit entsprechender Reichweite aufgetaucht. Und ich hatte noch andere Bedenken bezüglich dieser Pläne, ich konnte mir nämlich meine Mutter auf einer solchen Reise nicht vorstellen.

»Wie möchtest du dich durch Thüringen bewegen?«, fragte ich Mama. »Da, wo Bach musiziert hat, sind die Straßen eng und krumm, die Landschaft ist bergig, die Gassen sind schmal.«

Mama taumelte ja schon auf den geraden Berliner Straßen, wenn sie ohne ihre Stöcke unterwegs war. Die Bewegungsfreiheit wird im Alter nämlich nicht durch die Abwesenheit von Kurzstreckenflügen eingeschränkt, sondern durch das nachlassende Beherrschen der Gravitationskräfte. Im Alter müssen sich die Menschen immer mehr anstrengen, um sich artgerecht geradeaus zu bewegen. Meine Mutter besitzt viele Stöcke, die ihr dabei helfen sollen. Sie hat einen Spazierstock, einen Flanierstock, einen für den Winter und einen für den Sommer. Sie hat Nordic Walking Stöcke für alle Jahreszeiten und massive Regenschirme für den Herbst. Wenn sie nur die Hälfte aller ihrer Stöcke nach Thüringen mitnähme, würde sie nicht durch die engen Gassen von Arnstadt passen.

Ich war vor einiger Zeit selbst dort, in dieser wunderbaren Ruinenstadt, in der die Untergänge aus allen Jahrhunderten reibungslos ineinanderfließen. Prompt verliert man permanent den Faden, bei welchem Krieg das eine oder andere Gebäude zerstört wurde. Waren das noch Ruinen des Kaiserreichs oder schon die des Zweiten Weltkriegs? Oder doch erst die kaputten Neubauten der DDR? Eins stand fest, es waren hier viele Schlachten geschlagen, viele Klöße geknetet, viel gesoffen, gebetet und Musik gespielt worden. Und egal, wie kaputt die Stadt war, jedes Mal hatten die Arnstädter die Kraft gefunden, von vorne anzufangen, Altes zu bewahren und Neues zu bauen. Inzwischen war die Stadt so verwickelt, dass nicht einmal Google Maps sich hier zurechtfand. Der Algorithmus musste die Route immer wieder neu berechnen.

Ich habe in Arnstadt viel gegessen. Ich habe sogar mit dem Besitzer der Goldenen Henne gefrühstückt, einer 400 Jahre alten Gaststätte, in der bereits die Familie Bach gespeist hatte:

»Die Bache haben vergnüglich geschmaust, thüringischen Topfbraten mit Klößen, die zahnschwachen Alten hatten vorerst ihren Adam an einem warmen Teller Hirsesuppe gelabt. Die gesamten Bache haben tapfer hingehauen in die leckeren Klöße und für gut Wetter gesorgt. Und selbstverständlich haben sie Schnäpse hinterher nicht vergessen, um die etwas schweren Klöße besser zu verdauen.« So stand es im Hotelbuch als Eintrag des Kochs.

Klöße aus rohen Kartoffeln gehörten hier zum bedeutenden Kulturgut, die Rezepte wurden gehütet, geehrt und von Generation zu Generation weitergegeben. Der Chef der Goldenen Henne hat mir das Klöße-Kochbuch geschenkt. Vorher hatte ich gar nicht gewusst, dass man Klöße auf so viele unterschiedliche Arten zubereiten konnte. So, wie Russen es schaffen, tausend Sorten Pelmeni herzustellen, können Thüringer hundert Jahre lang jeden Tag Klöße zubereiten, die immer anders schmecken.

Ich verbrachte zwei Tage in Arnstadt, besuchte Kirchen und aß Klöße. Ich glaube, man kann Bachs Musik besser verstehen, wenn man weiß, was der Maestro gegessen hat. Die thüringische Küche kann einen in dramatische Situationen bringen. Es dauert eben, bis sich die Klöße in deinem Inneren zurechtfinden. Man bleibt allerdings noch lange nach dem Mittagessen mit den Klößen im Gespräch. Und es entstehen pathetische musikalische Geräusche im Magen. Aber natürlich hat Bach diese Magenmusik ungemein veredelt.

Die Hälfte der Goldenen Henne war bereits seit einer Weile an eine Tanzschule vermietet. Tanzschulen waren ein echtes Phänomen in vielen Städten des Ostens, und man erkannte sie in der Regel daran, dass in den Fenstern nach 22.00 Uhr noch Lichter brannten, nachdem überall sonst die Bürgersteige hochgeklappt worden waren. Auch in der Arnstädter Tanzschule brannte noch Licht. Man hörte Klaviermusik und menschliche Stimmen. Ich hätte die Arnstädter so gern nachts tanzen gesehen, doch das Fenster war zu hoch, man konnte sie nur hören.

Abends auf dem Zimmer stellte ich fest, dass die Tänzer direkt neben mir hinter der Wand waren. Ich lehnte mich mit einem Zigarettchen ganz weit seitwärts aus dem Fenster und warf unter Lebensgefahr einen Blick in den großen Tanzsaal. In seiner Mitte stand nur ein einziges Paar. Für mich sah es danach aus, als versuche eine mollige Blondine einem jungen Syrer Walzer beizubringen. Der Mann stolperte immer wieder über seine Füße und fühlte sich äußerst unsicher auf dem Tanzparkett.

»Ich kann nicht mehr, ich bin kaputt«, sagte der Syrer.

»Das macht nichts«, lächelte seine Tanzpartnerin milde. »Wir fangen gleich von vorne an.«

## Mama, wir gehen

»Du hast es nicht vergessen, Mama, oder? Wir gehen doch heute zusammen wählen?«, fragte ich.

»Wie weit?«, fragte Mama sofort zurück. Ihre Beziehung zum Spazierengehen war ambivalent. Einerseits war der Schrittzähler ihre Lieblings-App, und sie nahm ihr Smartphone sogar mit, wenn sie nachts auf die Toilette ging, denn jeder Schritt zählte. Und trotzdem waren es am Ende des Tages immer nur 42. Doch wählen gehen war Ehrensache und unvermeidlich wie die Weltrevolution.

Bereits einen Monat vor der letzten Bundestagswahl hatten uns die Nachbarn auf dem Hof daran erinnert, wie wichtig es sei, diesmal richtig zu wählen. Es gehe schließlich um die Zukunft Deutschlands, möglicherweise des gesamten Planeten. Meine Kinder, die in der letzten Zeit unglaublich politisch geworden waren, versuchten, ihrer Oma zu erklären, warum man Jamaika unbedingt zugunsten einer Ampelkoalition verhindern musste, damit es nämlich nicht zu einem Rechtsruck kam. Die Kinder würden ohnehin am liebsten gar keine bürgerliche Partei, sondern nur Tierschützer und Kommunisten wählen. Sogar diejenigen, die mithilfe ihrer Smartphones mit Aktien und Bitcoins handelten, Hipster-Hosen aus Südkorea bestellten und die Vorzüge des Kapitalismus durchaus zu schätzen wussten, machten bei den Roten ihr Kreuz. Das hatte mir mein Sohn erzählt.

Alle in unserem Haus waren mit der politischen Situation in Deutschland beschäftigt außer Belli, die erst vor wenigen Wochen in den vierten Stock eingezogen war. Sie redete ständig nur von ihrem verschwundenen Fahrrad. Sie hatte es schon in der hauseigenen Chatgruppe als vermisst gemeldet und Zettel mit ihrer Telefonnummer an den Hauseingang und die Straßenlaterne gegenüber geklebt. Jedes Mal, wenn wir uns begegneten, fragte sie mich, ob ich ihr Fahrrad gesehen hätte. Hätte ich leider nicht, antwortete ich höflich. Das fragte sie jeden im Haus. Und keiner von uns hatte die Chuzpe, ihr die Wahrheit zu sagen. Ich hätte es ja auch tun können, ich hätte ihr sagen können: »Mädchen, entspann dich. Dein Fahrrad ist weg, es wurde geklaut, das siehst du nie wieder.«

Der Fahrradklau hat hier Tradition. Wahrscheinlich gibt es Vorläufer davon seit dem Mittelalter, nur dass damals Pferde gestohlen wurden, weil das Fahrrad noch gar nicht erfunden war. Das kam dann später. Daher begann der traditionelle Fahrradklau in Deutschland meiner Überzeugung nach spätestens vor 200 Jahren, als das erste Fahrrad erfunden und gleich danach gestohlen wurde. Jeden Monat verschwanden Fahrräder aus Hinterhöfen und von der Straße. Die Polizei nahm eine Anzeige auf, konnte aber gegen die Tradition nichts ausrichten. Sie war einfach stärker. Niemand, den ich kenne, hat sein geklautes Fahrrad jemals wiedergesehen, geschweige denn es zurückbekommen. Angeblich wurden die Räder in einer unterirdischen Werkstatt auseinandergenommen und nach Holland oder Dänemark transportiert.

Wenn unsere neue Nachbarin nur wüsste, wie viele Fahrräder ich schon auf diesem Hof verloren habe. Halb Holland fährt meine Räder. Nicht dass ich das den Einwohnern übel nehmen würde. Immerhin hatte Greta prophezeit, Holland würde infolge des Klimawandels und der globalen Erwärmung als erstes Land unter Wasser verschwinden. Fisch trifft Fahrrad – im wahrsten Sinne des Wortes. Sollen also die Holländer ihren Spaß haben, bis es richtig warm wird. Wir wissen nicht, wie sich der Klimawandel danach entwickelt. Bei frischem Ostwind Stärke sieben wäre nicht auszuschließen, dass sämtliche geklauten Fahrräder aus Holland wieder nach Deutschland geschwemmt wurden. Auch das Rad von Belli. Sie wollte es zwar zurückhaben, aber bestimmt nicht um jeden Preis. Der Klimawandel musste gestoppt werden, auch wenn wir unsere Fahrräder nie wiedersahen. Und dafür mussten wir – also ich, meine Mutter und mein Sohn – wählen gehen.

Belli konnte nicht wählen gehen, sie hatte nämlich einen portugiesischen Pass. Unser Haus in Berlin glich in gewisser Weise dem Sitz der Europäischen Union. Hier wohnten Spanier und Franzosen, Portugiesen und Griechen und ein paar Geflüchtete im Erdgeschoss. Sie alle waren hier angemeldet, hatten aber keinen deutschen Pass und konnten nicht wählen. In meiner Wohnung waren nur meine Mutter und mein Sohn angemeldet. Im Grunde mussten wir drei Russen die Zukunft Deutschlands retten. Meine deutschen Nachbarn waren in ihrer überwiegenden Mehrheit aufs Land gezogen, und sie zeigten sich nur selten hier. Sie hatten ihre Wohnungen ihren Kindern überlassen, und die hatten ihre Stimme alle per Briefwahl abgegeben. Zu meinem Erstaunen waren sie nämlich schon volljährig. So schnell verging die Zeit. Erst gestern hatten sie sich noch in der Vorschulgruppe Freche Früchtchen Pflaumenmarmelade an die Nasen geschmiert, heute entschieden sie über die Zukunft Deutschlands. Am besten wählte ich dieselbe Partei wie die Jugend, immerhin würden sie mit dieser deutschen Zukunft zurechtkommen müssen.

»Ich werde dieses Jahr neunzig, meine Zukunft ist Vergangenheit«, lächelte Mama.

»Oma, du musst die Linke wählen!«, sagte Sebastian. »Mach dein Kreuz dort, wo es rot ist – dunkelrot, nicht hellrot!«

Die Jugend ist blauäugig und naiv. Sie will dem hinterhältigen Kapital eine Kampfansage erteilen, sie glaubt, die Revolution sei unvermeidlich.

»Komm, Oma, wir gehen jetzt alle zusammen zum Wahllokal«, forderte mein Sohn uns auf. »Jede Stimme zählt!«

Ich hatte eigentlich andere Pläne. Ich wollte mit Mama erst einmal zum Chinesen gehen und Teigtaschen essen. Es gab einen neuen hippen Chinesen in unserem Bezirk, der nur Teigtaschen machte, sonst nichts. Man konnte Portionen mit zwanzig oder vierzig Stück bestellen, gekocht oder gebraten, mit allen möglichen Tieren und Pflanzen gefüllt. Meine Mutter war von dem Laden sehr überrascht. Sie hatte immer geglaubt, Teigtaschen seien ein typisch russisches Produkt. Immerhin waren wir in unserer sowjetischen Heimat auf dem langen Weg zum Kommunismus beinahe jeden Tag mit ihnen gefüttert worden. Manchmal hatte ich schon gedacht, die Anzahl der aufgegessenen Pelmeni gehörte zum Fünfjahresplan für den Aufbau der kommunistischen Zukunft. Erst wenn man mindestens 10 000 intus hatte, wäre die neue Gesellschaftsform erreicht.

Allerdings waren die Pelmeni, die unsere Kindheit und Jugend begleitet hatten, immer nur gekocht und niemals gebraten gewesen. Vielleicht war unser Land beim Aufbau des Kommunismus genau deswegen gescheitert?

Beim Chinesen bestellten wir die Teigtaschen ausschließlich gebraten, für alle Fälle. Allein schon der Zukunft Deutschlands wegen – wir wollten nicht noch einmal in dieselbe Falle tappen. Die chinesischen schmeckten
besser als unsere sowjetischen, allerdings musste man
mindestens zwanzig Stück von einer Sorte bestellen. Weil
man trotzdem verschiedene Füllungen probieren wollte,
hatte das zur Folge, dass wir uns in diesem Laden permanent überfraßen. Wahrscheinlich lieferte dieser simple
Trick eine Erklärung dafür, warum die kommunistische
Partei in China noch immer erfolgreich regierte und auf
tausendjährige Planungszeiträume statt auf Fünfjahres-
pläne setzte, wohingegen den russischen Genossen die
Zügel der Macht längst aus der Hand gerissen worden
waren. Nach so großen Portionen ist keine Revolution
mehr möglich.

»Ihr geht jetzt nicht die Teigtaschen essen! Das Land
wird von Nazis umzingelt, die AfD gewinnt im Osten!«,
schimpfte mein Sohn. »Bundestagswahl ist nur einmal in
vier Jahren, da kannst du doch einmal deine Teigtaschen
später essen«, meinte er.

»Ist ja gut. Komm, Mama, wir gehen wählen«, sagte
ich. Und trotzdem waren wir alle drei überrascht, als wir
die vielen Leute vor dem Wahllokal sahen. Eine so lange
Schlange hatte ich in meinen dreißig Jahren in Deutschland nicht einmal am Flughafen gesehen. Vielleicht wäre

sie mit der Schlange in Moskau vergleichbar, als dort vor 32 Jahren die erste McDonalds-Filiale aufgemacht hatte. Nach siebzig Jahren Teigtaschen waren sofort alle Moskauer dorthin gerannt. Uns dagegen nahm die Schlange vor dem Wahllokal jede Lust, politisch aktiv zu werden.

»Das ist eure Entscheidung«, sagte mein Sohn. »Ihr müsst wissen, was euch wichtiger ist, die Zukunft Deutschlands oder chinesische Teigtaschen!«

Das war eine schwerwiegende ethische Frage. Nach kurzem Überlegen entschieden wir uns für die Teigtaschen.

»Mama, wir gehen!«, sagte ich, und wir verließen die Schlange. Später beim Chinesen bekam ich über WhatsApp und Twitter ununterbrochen Nachrichten von meinem Sohn. Er sei maßlos enttäuscht von meinem, von unserem Verhalten. Er habe mich für einen politischen Menschen gehalten und sich nie vorstellen können, wie wenig ich mich um die Zukunft Deutschlands und der Welt sorge. Dazu käme, dass ich nicht nur mich selbst blamieren würde, sondern auch der älteren Generation, sprich meiner Mutter, jegliche Teilnahme am politischen Geschehen hierzulande verweigern würde. Mama und ich verhielten uns wie Spießer, ganz nach dem Motto: »Soll die ganze Welt doch untergehen, Hauptsache, ich kriege meine Teigtaschen.«

Dieser Vergleich hat das Fass zum Überlaufen gebracht.

»Mama, wir gehen!«, sagte ich bereits zum dritten Mal

an diesem Tag. »Die Chinesen sollen uns die letzten sechzig Teigtaschen zum Mitnehmen einpacken.«

»Ich bin so voll, ich kann nicht mehr gerade stehen, geschweige denn laufen«, beschwerte sich meine Mutter.

»Das ist auch gut so«, sagte ich. »So kommen wir vielleicht schneller ins Wahllokal.«

Wir fuhren also noch einmal dorthin. Aber entgegen meiner Erwartung war die Schlange inzwischen noch länger geworden. Ich positionierte meine Mutter wie einen Schild vor mich und rief: »Lassen Sie die 95-Jährige durch! Sie kann nicht mehr stehen!«

»Ich kann wirklich nicht mehr stehen«, bestätigte Mama und wankte eindrucksvoll.

»Lassen Sie die 95-Jährige ihre Stimme abgeben!«

»Ich muss dringend meine Stimme abgeben«, nickte Mama.

Unsere Strategie ging auf. Wir kamen schnell voran, und bekamen beide eine Menge Zettel sowie einen Kugelschreiber in die Hand gedrückt.

»Was sollen wir noch mal wählen?«, fragte Mama.

»Die Jugend will ihre Kreuze bei allem machen, was rot oder grün ist. Dabei soll dann eine Ampel herauskommen.« Später fotografierte ich mich und Mama vor dem Wahllokal und schickte das Bild an Sebastian. Zu Hause erzählte ich Mama später, was der Unterschied zwischen Ampel und Jamaika war.

»Wie soll diese Ampel denn funktionieren?«, fragte sie. »Bei einer echten Ampel leuchten die Lichter nicht gleichzeitig, sondern eins nach dem anderen.«

»In der Politik ist alles möglich«, sagte ich. »Da leuchten alle gleichzeitig. Es wird sehr hell sein in diesem Land, und niemand wird wissen, wohin er sich in Bewegung setzen soll, du wirst sehen.«

»Lieber nicht«, meinte sie.

## *Im früheren Leben*

Zu Silvester bekam meine Mutter von ihrer besten Freundin, Tante Inge, einen Wandkalender mit einem spannenden Quiz geschenkt: »Finde heraus, welches Tier du in deinem früheren Leben warst!« Zu jedem Monat gehörte ein Tier, dem die Kalendermacher jeweils besondere Charaktereigenschaften zuschrieben. Tante Inge hatte das Quiz bereits absolviert, war sich aber trotzdem nicht hundertprozentig sicher, welches Tier sie in ihrem früheren Leben gewesen war. Sie hatte einfach zu viele verschiedene tierische Eigenschaften bei sich wiedererkannt. Vier Tiere kamen in die engere Wahl: Tiger, Esel, Skorpion und Libelle.

»Geht's dir gut, Inge?« Mama machte sich Sorgen um den geistigen Zustand ihrer besten Freundin. In letzter Zeit hatte diese öfter Probleme, sich an bestimmte Dinge zu erinnern. Sie vergaß, für welche Konzerte sie Karten gekauft hatte, und hatte bereits mehrmals in einem fremden Mantel die Praxis ihres Hausarztes verlassen. Einmal hatte sie sogar versehentlich einen Arztkittel angezogen, der neben ihrem Mantel hing. Ein anderes Mal hatte sie ihren

Einkaufswagen im Supermarkt an der Kasse vorbeigeschoben, ohne zu bezahlen. Und nachdem sie einmal Geld von ihrem Konto abgehoben und so sicher versteckt hatte, dass nur zukünftige Schatzsucher die Banknoten je wieder finden dürften, entzog ihr Sohn seiner Mama die Bankkarte. Sie bekam jetzt jede Woche einen Betrag in bar.

Zeitgleich mit der zunehmenden Vergesslichkeit kamen bei Tante Inge plötzlich Erinnerungen hoch an Dinge, die sie nie besessen und Orte, die sie nie besucht hatte. Ihre Geschichten darüber hörten sich wie Albträume an. Sie erinnerte sich außerdem an Menschen und Tiere, die ihr in ihrem Berliner Leben nie begegnet waren. Daraus schloss sie messerscharf, dass es sich um Erinnerungen aus einem früheren Leben handeln musste. Nach dem Konzept der permanenten Reinkarnation waren wir ja alle schon mindestens einmal etwas anderes gewesen. Warum nicht Tiger, Esel und Libelle? Es gab tonnenweise Bücher zu diesem Thema sowie etliche Filme. Tante Inge beschäftigte sich immer intensiver damit, entdeckte dabei immer weitere frühere Lebensläufe und wollte schließlich auch meine Mutter auf das dünne Eis der Reinkarnation schubsen. Das war nicht leicht.

Mama hatte schon immer eine gesunde Abneigung gegen Mystik aller Art gehabt. Sie glaubte weder an ein früheres Leben noch an eines nach dem Tod. Auch dieses eine, das sie nun schon fast neunzig Jahre führte, kam ihr manchmal ziemlich unglaubwürdig vor. Ab und zu vergaß auch sie etwas. Nützliche Informationen rutschten ihr aus dem Gedächtnis, und die unnützen nahmen sofort ihren Platz ein. Neunzig Jahre waren einfach eine sehr lange Zeit, da durfte man schon einmal vergessen, wie der Hausmeister hieß. Allerdings konnte sich Mama nach wie vor genau an den Namen des Hausmeisters in dem Moskauer Haus ihrer Kindheit erinnern und wusste auch noch genau, wie er ausgesehen und wie viele Kinder er gehabt hatte. Drei. Mama vergaß manchmal den Auberginenauflauf in ihrem Backofen, konnte ihre Krankenversicherungskarte plötzlich nicht mehr finden oder suchte vergeblich ihre Nordic-Walking-Stöcke, obwohl sie die ganze Zeit unverändert in der Ecke im Korridor gestanden waren. Das hieß für sie aber noch lange nicht, dass sie in ihrem früheren Leben eine Libelle gewesen und auf die Nordic-Walking-Stöcke gar nicht angewiesen gewesen war.

Natürlich machte sie sich darüber Gedanken. Sie überlegte, ob ihre Vergesslichkeit eine normale altersbedingte Erscheinung oder schon das erste Anzeichen einer Demenz war. In der *Apotheken Umschau* suchte sie nach der richtigen Antwort. Die *Apotheken Umschau* meinte, es sei alles nur eine Frage der Zeit und der Schwachsinn im Alter unabwendbar. Es war demnach vollkommen egal, wie man sich ernährte, wie man sich bewegte, und wer man im früheren Leben gewesen war. Hund, Pferd oder Katze, alle verblödeten mit der Zeit.

»Schade eigentlich, dass Inge in ihrem früheren Leben keine Katze war«, meinte Mama. »Sonst könnte sie vielleicht meiner in deren Sprache erklären, dass sie nachts nicht auf der Rückwand meines Betts spazieren gehen soll.«

Mama hatte nämlich ein Katzenproblem. Ihre alte Katze Wassilissa hatte die Corona-Pandemie nicht überlebt und war im zweiten Lockdown friedlich von uns gegangen. Ihre neue Katze, Maja – nach der berühmten Balletttänzerin Maja Plissezkaja benannt, nicht nach der Biene –, dachte möglicherweise, sie wäre in ihrem früheren Leben eine Ballerina oder eine Eiskunstläuferin gewesen. Sie versuchte sich in Pirouetten und sprang einen vierfachen Axel vom Schrank aufs Fensterbrett. Nachts ging sie auf die Jagd und balancierte auf dem Kopfteil des Betts in Mamas Schlafzimmer. Allerdings hatte sich Maja während Corona zusätzliche Pfunde angefressen. Während der Pandemie hat der durchschnittliche deutsche Bürger 5,4 Kilo zugenommen, und eine durchschnittliche deutsche Katze, die in ihrem früheren Leben Ballerina gewesen war, brachte nun rund acht Kilo Lebendgewicht auf die Waage. Deswegen verlor Maja bei ihren nächtlichen Ausflügen auf dem Bettgestell das Gleichgewicht und bewegte sich so, als wäre die Ballerina in ihrem früheren Leben eine Kuh gewesen. Mit lautem Plumpsen stürzte sie ab und riss meine Mutter aus dem Schlaf. Und das Nacht für Nacht.

Maja war nämlich ausgesprochen nachtaktiv. Tagsüber saß sie die meiste Zeit friedlich neben der Geranie oder auf dem Kreuzworträtselheft auf Mamas Arbeitstisch, um meine Mutter am Gehirntraining zu hindern. Oder sie sah mit Mama zusammen fern. Aber nachts erwachte in der Katze die frühere Ballerina, und der Tanz begann. Meine Mutter versuchte alles, um das zu verhindern. Sie sprach mit Maja über die Sinnlosigkeit ihrer nächtlichen Aktivitäten und platzierte zehn Bände Agatha-Christie-Krimis auf dem Kopfteil. Aber die Katze ließ sich durch Agatha Christie nicht von ihren Tanzeinlagen abhalten und krachte zusammen mit der Hausbibliothek auf Mama herunter. Daraufhin ließ sich Mama von Google beraten: »Was tun, wenn die Katze nachts ausrutscht?« Sie legte auf dem Kopfteil des Bettes Alufolie aus in der Hoffnung, die Katze würde vor dem lauten Knistern der Folie erschrecken und weglaufen. Doch eine echte Ballerina hatte keine Angst vor Alufolie. Sie übte sogar eine starke Anziehungskraft auf Maja aus.

Nun war die Digitalisierung meiner Mutter seit Beginn der Pandemie sehr weit fortgeschritten. Mama war daher inzwischen so weit, jede Lebenssituation zu googeln und die Algorithmen um Rat zu fragen. Sie recherchierte also, was zu tun wäre, wenn eine Katze Alufolie mochte. Google dachte eine halbe Sekunde nach und empfahl Mama eine transparente Katzenabwehrmatte namens »Katzenschreck« mit Spikes, ferner individuell gesteuerte Tiervertreiber mit Bewegungssensor, Ultraschall, Blitz und Lautsprechern, die Bellgeräusche produzierten. Außerdem gab es günstige Katzenabwehrgitter mit Dornenmuster im Angebot. Für jede Lebenssituation hatte Google eine ganze Warenpalette parat.

Mama dachte lange nach und beschloss, keinem dieser Ratschläge zu folgen. Allein schon die Namen dieser Tierabschreckungsgeräte, die anscheinend Dutzende Firmen im Angebot hatten, klangen wie Folterwerkzeuge. Sie auf die arme kleine Acht-Kilo-Ballerina loszulassen, ließ das Gewissen meiner Mutter nicht zu. Sie liebte ihre Maja und wollte nicht, dass sie sich unnötig erschrak. Sie wollte doch nur nicht, dass sie jede Nacht mit dem Hintern auf ihr Gesicht plumpste. Bei den radikalen Abschreckungsmaßnahmen sorgte sich Mama um ihre Maja. Was, wenn sie in ihrem nächtlichen tänzerischen Leichtsinn über die Dornengitter zu schweben versuchte?

Also fragte Mama Google zum dritten Mal um Rat und bat um alternative, tierfreundlichere Methoden der Katzenzähmung. Anders als Menschen denken die Googles in der Regel nie länger als eine Sekunde nach. Doch diesmal ließen sie sich Zeit. Und schließlich bekam Mama ein tolles Angebot: Ein solides deutsches Chemieunternehmen hatte ein sicheres Mittel zur Katzenabschreckung hergestellt, das keinen Schaden anrichtete. Es handelte sich um einen Duft, den Katzen nicht mochten, eine Mischung aus Menthol und Teebaumöl.

»Nur ein paar Tropfen davon werden Ihre Katze für immer vom Kopfteil des Bettgestells fernhalten!« So ähnlich versprach es der Produzent. Meine Mutter bestellte das Zeug, tropfte es auf das Bettgestell und wachte mitten in der Nacht mit ätzenden Kopfschmerzen und dem vertrauten Katzenhintern auf ihrem Gesicht auf. Anscheinend hatte das solide deutsche Chemieunternehmen vergessen, sämtliche Katzen darüber zu informieren, dass sie den Geruch von Menthol und Teebaumöl nicht mochten. Vielleicht wussten andere Katzen ja Bescheid, Maja wusste es jedenfalls nicht.

»Das gibt es doch nicht«, ärgerte sich Mama.

Ihre Freundin Tante Inge meinte, Katzen, die in ihrem früheren Leben Ballerina gewesen waren, ließen sich von Teebaumöl nie abschrecken.

»Im nächsten Leben tauschen wir«, sagte Mama zu der Katze und hob den Zeigefinger.

## Im Gendernebel

Ungewöhnlich dichter Nebel hatte ganz Moskau einge-
hüllt. Auch nach zwei Tagen konnten die Bürgerinnen
und Bürger keine Autos auf der Straße erkennen, Flug-
zeugen wurde die Landung verweigert, der Kreml sah wie
eine Wolke aus, und sogar der Fernsehturm, der bei jedem
Wetter gelb und blau leuchtete, wurde von den Nebelmas-
sen verschluckt. Trotzdem sendete er weiterhin Abend für
Abend Aufklärungstalkshows zur Genderproblematik, deren Inhalt immer nebliger wurde. Meine Mutter war schon
immer in der russischen Fernsehwelt beheimatet, denn in
der Regel verstand sie die Russen besser als die Deutschen.
Doch beim Thema Gender gab Mama auf.

Die Gendertalkshows hatten inzwischen alle anderen
politischen Themen ersetzt. Die russische Bevölkerung
wurde permanent aufgerufen, trotz aller Verführungen und
Versuchungen des Westens am eigenen, von der Natur ge-
gebenen Gender festzuhalten. Zwischendurch wurden Bilder von europäischen Gay-Paraden gesendet, die zeigten,
wie halb nackte Männer sich auf der Straße küssten oder

in Frauenkleidern auf einer Bühne tanzten. In »Gayropa« würden die urmenschlichen Werte verflüssigt und vernebelt, ulkten die zahlreichen russischen Experten für den Untergang des Abendlandes, hauptsächlich Armeeoffiziere, Sicherheitsbeamte und Kirchenvertreter. Diese Gender-Propaganda werde vom Westen absichtlich zelebriert, um das maskuline Selbstverständnis der russischen Heimatverteidiger aufzuweichen und die Wehrkraft der Armee zu zersetzen, behaupteten die Offiziere im Fernsehen, die alle, nebenbei gesagt, ziemlich schwul aussahen. Der Atheismus des Westens sei am allgemeinen Verfall der Sitten schuld, sagten die Vertreter der Kirche. Sie schienen vergessen zu haben, dass Jesus dem Volk das Wort Gottes mit einem reinen Männerkollektiv verkündet hatte. Wäre er damals mit ApostelInnen in Jerusalem erschienen, hätten ihn die BürgerInnen womöglich gar nicht gekreuzigt.

Europa wurde den Russen als das neue Sodom und Gomorra erklärt. Bereits Grundschulkinder würden dort über binäre und nichtbinäre Identitäten aufgeklärt. Wie sollte sich das Kind denn später vermehren, wenn es solche verqueere Ideen eingetrichtert bekam?, regten sich die Vermehrungsexperten auf. Dabei saßen in Russland vor allem ältere Menschen vor dem Fernsehen. Die Altersgruppe sechzig plus musste eine Mobilmachung nicht mehr fürchten, und auch der Wunsch nach Vermehrung stand nicht mehr ganz oben auf der Prioritätenliste.

Meine Mutter wunderte sich sehr über dieses aufgezwungene übertriebene Interesse ihrer Landsleute an Genderfragen. In unserem Berliner Sodom und Gomorra hatte sie eigentlich wenig darüber gehört. Sie bat mich um Auskunft, und ich wusste tatsächlich über binäre und nichtbinäre Identitäten relativ gut Bescheid. Nicht aus der Grundschule, versteht sich, sondern aus erster Hand: Meine Tochter studierte nämlich seit fünf Jahren Gender Studies an der Humboldt-Universität, und ich hatte fleißig mitgelernt.

Diese moderne Wissenschaft hatte sich erstaunlich schnell entwickelt. Als Nicole mit dem Studium angefangen hatte, war es eine schattige kleine Wissenschaft gewesen mit gerade einmal sechs Geschlechtern und ein paar zerquetschten. Inzwischen umfasste sie 72 Geschlechter, und alle wurden permanent diskriminiert, gesellschaftlich nicht anerkannt und manchmal auch gar nicht wahrgenommen, weil niemand genau wusste, zu welchem Geschlecht er sich momentan zählen durfte. Die Grenzen zwischen den Geschlechtern verschwanden. Es wurde inzwischen von »Fluid Gender« gesprochen, und niemand von uns konnte sich seiner selbst sicher sein. Wir konnten morgens als Mann beziehungsweise Frau aufwachen, im Laufe des Tages mehrere Transformationen erleben, um abends bei einer Queer-Party zu landen und nachts nach fünf Bloody Marys und drei Gin Tonics völlig genderneutral mit einem Plüschtier einzuschlafen.

Gender Studies kommunizierten mit Bildern besser als mit Begriffen. Auf Toilettentüren ersetzten inzwischen immer öfter niedliche Zeichnungen die langweiligen traditionellen Hinweise: Sternbilder, Pflanzen, Töpfe, Haustiere, Pfeile und Bogen, Kreuze und Kreise, Hämmer und Sicheln. Buchstaben oder ganze Worte fand man kaum noch an diesen Türen. Und wenn doch, waren es oft die falschen, die man außerdem gar nicht entziffern konnte.

Das erfuhr auch Renate, eine alte, aber fitte Freundin meiner Mutter, bei einer Fahrradtour durch Brandenburg. Sie besuchte mit einer Frauengruppe den spirituellen Schnupperkurs »Ruhe in der Stille« oder so ähnlich in einem Gurkenkloster im Spreewald.

»Wir heißen jede und jeden willkommen! Kriminelle, Drogensüchtige, Alkoholiker, Atheisten, alle können bei uns ihr Heil finden«, meinte der junge Mönch in der Kennenlernrunde. Der Weg zu sich selbst sei lang und steinig, doch jede und jeder könne die Ruhe und Abgeschiedenheit des Ortes nutzen, um sich von ihrer oder seiner sündigen Hölle zu trennen. Sie würden im Kloster ihre zu geringe Selbstkonzentration steigern und neue Sichtweisen erlernen. Die unterschiedlichsten Menschen fingen hier an, Buße zu tun, ganz ohne fremde Einwirkung, einfach aus einem inneren Verlangen heraus, erklärte der Mönch. Das hörte sich gut an. Das hörte sich fantastisch an.

In der Pause fragten die Frauen aus der Gruppe, wo

die Toilette sei. Die Toilette? Da müssten sie die Treppe runter ins Untergeschoss, dann den Gang entlang und am Ende würden sie die Toilette nicht verfehlen, klärte sie der Mönch auf.

Am Ende des Ganges sahen die Damen zwei Türen mit den Buchstaben »S« und »B«. Sie blieben unentschlossen davor stehen. Was sollte das heißen?, überlegten sie. Nichts fiel ihnen ein.

»Doch nicht etwa ›Bratzen‹ und ›Schlampen‹?«, rätselte eine der Damen. Vielleicht war das schon eine erste Buß-übung? Es mochte zwar übertrieben grob klingen, könnte aber die Abscheu vor der weltlichen Lebensweise ausdrü-cken. Aber wer musste nun durch welche Tür? Die Gruppe teilte sich. Die einen waren der Meinung, sie würden al-lein aus Altersgründen nicht in die »Schlampen«-Katego-rie passen und wählten die »Bratzen«. Andere traten selbst-bewusst durch die Schlampentür ein.

Als sie zurückkamen, erkundigten sie sich bei dem Mönch des Gurkenklosters, was dieser Unfug mit dem »B« und dem »S« eigentlich solle. Ob die Mönche nicht verstünden, wie erniedrigend diese Zuordnungen wirk-ten? Der Mönch konnte das Problem nicht nachvollzie-hen. Es sei doch klar, meinte er, dass die Buchstaben für »Bruder« und »Schwester« standen. Aha, na ja, dachten die Damen. Es mochte an der mangelnden Selbstkonzentra-tion und den fehlenden neuen Sichtweisen liegen, dass sie die Buchstaben falsch gedeutet hatten. Aber der Weg zu neuem Wissen war lang und steinig, und es werden uns wohl noch viele Toilettentüren verschlossen bleiben, bis das ganze europäische Sodom und Gomorra richtig aufgeklärt ist.

Für Mama und mich war trotzdem nicht nachvollziehbar, warum ausgerechnet die Russen der Genderfrage so viel Aufmerksamkeit schenkten. Unsere Heimat, die Sowjetunion, hatte sich früher klar und deutlich von der kapitalistischen Welt abgrenzen können. In der kapitalistischen Welt schimmelten laut Fernsehen die Obdachlosen und Arbeitslosen in Pappkartons vor sich hin, während Arbeitslosigkeit bei uns strafbar war. Wer länger als zwei Monate ohne Arbeit blieb, riskierte, wegen Schmarotzertums im Knast zu landen. Armut wurde besungen, Reichtum war dagegen verpönt.

Nun war der Sozialismus schon seit über dreißig Jahren Geschichte, das Land hatte das Gleis gewechselt, und die Bevölkerung teilte sich in Arm und Reich. Plötzlich gab es auch in Russland Obdach- und Arbeitslose. In manchen Gegenden wurden die Pappkartons knapp, während sich die Reichen Jachten aus purem Gold bauen ließen. Dabei wurde von der politischen Führung ständig die Einzigartigkeit des Landes und dessen geistige wie moralische Überlegenheit gegenüber dem Westen unterstrichen. Aber worin könnte sie bloß liegen? An der Genderproblematik natürlich. Und so war der Verfall der Sitten in Europa nach und nach zum Hauptthema der russischen Nachrichten geworden. Auch wenn die Wirtschaft stagnierte, die Beamten immer korrupter und die politische Führung immer skurriler wurde, konnte das Land stolz auf sich sein, allein seines traditionellen Wertesystems wegen. Nur in Russland war die Ehe noch ein heiliger Bund zwischen Mann und Frau und nicht zwischen Mann und noch einem Mann, oder zwischen zwei Frauen oder zwischen einem Jungen und einer Ziege, wie es laut Fernsehberichten im verdorbenen Westen der Fall war.

Problemlos ließen sich Woche für Woche immer neue Schlagzeilen über den Verfall der europäischen Sitten produzieren. Meine Mutter nahm diese Nachrichten mit Gelassenheit und Toleranz auf, bis eines Tages ein russischer Abgeordneter im Fernsehen vom Missbrauch dänischer Schildkröten berichtete:

»So weit ist es inzwischen in Dänemark gekommen«, klagte er, »dass die Dänen einen Sex-Zoo aufgemacht haben, in dem Bürgerinnen und Bürger mit allen Tieren sexuell verkehren können. Dafür müssen sie nur einen Termin buchen, natürlich online wegen Corona.« Die Tiere würden sehr darunter leiden. Die dänische Schildkröte sei bereits bis Ende des Jahres ausgebucht, beschwerte sich der Abgeordnete.

Jeder vernünftige Mensch hätte über einen solchen Unsinn nur gelacht, doch meine Mutter war sehr besorgt. Sie liebte Schildkröten und wollte unbedingt herausfinden, wo die Russen diesen Unsinn aufgeschnappt hatten. Mama verbrachte die halbe Nacht vor dem Computer. Kein Rauch ohne Feuer, dachte sie. In der Tat verfolgte Dänemark als freiestes Land Europas lange Zeit eine liberale Tierpolitik, auch in Bezug auf die Beziehungen zwischen Tieren und Menschen. Vielen Tieren wurden in Dänemark menschliche Eigenschaften zugeschrieben. Das hatte zur Folge, dass einige Dänen behaupteten, Tiere könnten auch Spaß am Sex mit Menschen haben, sie können es bloß nicht deutlich formulieren. Es wurden sogar Sex-Partys mit Pferden und Hunden gefeiert. Aber Schildkröten waren nie dabei. Und 2015 hatte das dänische Parlament aufgrund etlicher Unfälle Sex mit Tieren verboten.

»Gott sei Dank«, atmete Mama erleichtert auf. »Die Russen haben wie immer übertrieben.«

## *Vom Kosmos geküsst*

Am Anfang war Tom Cruise. Er wollte den ersten Film im Weltall drehen und kam zu diesem Zweck mit seinem Filmteam nach Russland, wo er mit dem Direktor von Roskosmos, der Weltraumorganisation der Russischen Föderation, Kontakt aufnahm. Cruise war in Russland ein gern gesehener Gast. Putin mochte ihn, wie er alle kleinen schlauen Männer mochte, die unter Wasser 6,5 Minuten lang die Luft anhalten, Wände hochklettern, ihr Aussehen verändern und angstfrei überall auf der Welt agieren konnten.

Der Schauspieler war für seinen Actionfilm auf der Suche nach einer Rakete, die ihn und sein Filmteam samt Ausrüstung weit genug ins Weltall schießen konnte. Der adrenalinsüchtige Cruise war dafür bekannt, dass er seine Actionszenen ohne Stuntman drehte, wie eine Eidechse auf Felsen kletterte, nur mit einem dünnen Seil abgesichert vom Dach des höchsten Hauses der Welt sprang oder brennende Autos zu Schrott fuhr. Der Mann konnte drei Stunden auf dem Kopf stehen und rückwärts schwimmen. Er hatte auch schon in der Schwerelosigkeit eines vom Himmel fallenden Flugzeugs eine Kampfszene gedreht. Angeblich hatte die Szene 23 Mal wiederholt werden müssen.

Auf Putins Befehl sollte Cruise die fetteste Rakete bekommen, die es in Russland gab. Der Präsident war sehr gespannt, welche Heldentaten Tom für seinen ersten Weltraumfilm geplant hatte. Wollte er ohne Raumanzug an der Außenseite der Kapsel herumschrauben, mit Meteoriten Fußball spielen und Außerirdische k. o. schlagen? Die Möglichkeiten für Actionszenen waren auf einer Raumstation ziemlich begrenzt. Da konnte man nicht allzu toll herumspringen. Aber Cruise würden schon ein paar lustige Dinge einfallen, dachte der Präsident.

Aber aus dem Projekt wurde nichts. Cruise machte ohne Angabe von Gründen plötzlich einen Rückzieher. Man munkelte, die amerikanische Administration und der damalige Präsident Trump hätten dem Schauspieler ausdrücklich verboten, sich in eine russische Rakete zu setzen. Das sei eine unpatriotische Kooperation mit dem Feind, sagten sie, und würde ein falsches Signal in die Welt setzen. Es könnte so aussehen, als wären die russischen Raketen den amerikanischen überlegen. Cruise solle lieber mit einer heimischen »Crew Dragon« fliegen oder noch besser sein Weltraumabenteuer auf der Erde in einem Hollywoodstudio nachstellen. Wenn er trotzdem die russische Rakete bevorzuge, brauche er gar nicht mehr nach Hause zu fliegen.

Der russische Präsident war maßlos enttäuscht. Aber der Direktor von Roskosmos wusste ihn zu beruhigen.

»Wenn die Amerikaner so feige sind und Angst vor unseren Raketen haben, dann drehen wir oben unseren eigenen Film. Und zwar keinen stumpfen Actionfilm, sondern einen Heimatfilm im Weltall, eine bewegende Liebesgeschichte. Denn der Kosmos soll kein Schlachtfeld, sondern ein Zuhause für uns sein.«

Der Vorteil eines autokratischen Staates gegenüber einer Demokratie ist die Schnelligkeit, mit der alle Entscheidungen getroffen werden können. In Demokratien muss wegen jeder Kleinigkeit endlos diskutiert werden. Bis alle Interessengruppen einen Kompromiss miteinander ausgehandelt haben, hat man schon vergessen, worum es eigentlich ging. In einer Autokratie entscheidet alles der Autokrat. Putin gefiel die Idee eines Heimatfilms im Weltall außerordentlich gut. Am liebsten hätte er die Hauptrolle selbst gespielt, hatte aber gerade ein Problem mit Nierensteinen.

»Mach!«, sagte er und gab dem Chef von Roskosmos grünes Licht. Gesagt, getan. Der Plot des Films – Arbeitstitel *Die Herausforderung* – wurde an einem Tag von der entsprechenden Abteilung der Kunst- und Kultursicherheit, kurz KKS, geschrieben: Einem alten russischen Kosmonauten, der schon seit Ewigkeiten seine Runden um die Erde drehte, um die Sicherheit der Russischen Föderation zu wahren, war auf der Raumstation schlecht geworden. Er hatte es am Herzen, sendete einen Notruf, und flugs kam eine junge Ärztin zu ihm hochgeflogen, die ihn im All am offenen Herzen operierte. Kaum war er wieder zu sich gekommen, fingen die beiden an, einander zu mögen.

Eine Woche später startete die Rakete mit dem Regisseur und der Schauspielerin an Bord samt fünf Kameras und drei Kameraleuten. Der Kosmonaut sollte sie oben auf der Raumstation empfangen. Der Transport ins All klappte problemlos, und alle verbrachten drei Tage auf der Station, bevor sie wieder zurückkehrten. Drei Kameras waren abgebrannt, zwei heil geblieben, und einen Kameramann hatten sie auf der Station bei dem Kosmonauten zurücklassen müssen, wobei die Gründe dafür nicht näher erläutert wurden. Die Darstellerin und der Regisseur landeten aber gesund und munter auf der Erde. Die Schauspielerin, eine äußerst attraktive und begabte junge Frau, gab gleich nach der Landung perfekt geschminkt Interviews darüber, wie anstrengend und herausfordernd die Dreharbeiten gewesen waren. Am schlimmsten hatte sie es gefunden, dass man in der Schwerelosigkeit die wichtigsten Sachen nicht bei sich behalten konnte. Lippenstift, Wimperntusche, ihre ganzen Kosmetikartikel waren ihr ständig aus der Hand geflogen. Sie hatte ihre Kosmetiktasche mit einem Klebeband befestigen und hinter sich herschleifen oder mal an der einen, mal an der anderen Ecke in der Kabine ankleben müssen und sie schließlich im Weltall vergessen.

»Ich hoffe«, sagte die Schauspielerin, »dass wir bald den zweiten Teil drehen. Ich vermisse meine Kosmetiktasche nämlich sehr.«

Natürlich war der Film der teuerste aller Zeiten. Wenn man den russischen Klatschblättern glauben durfte, war die Schauspielerin die neue Freundin von Roman Abramowitsch, dem russischen Oligarchen und Strippenzieher hinter Putins Regime. Er habe sich an den Flugkosten ins All beteiligt, behaupteten die Klatschblätter. Die Dreharbeiten waren die Hauptnachricht des Monats. Das ganze Land war stolz wie Bolle, Tom Cruise erlitt einen Nervenzusammenbruch und fing das Rauchen an.

Dabei ging es Russland in Wahrheit gar nicht gut. Eine neue Corona-Welle raffte täglich Tausende von Menschen dahin, die Armut in der Bevölkerung nahm im siebten Jahr in Folge zu, trotz steigender Öl- und Gaspreise auf dem Weltmarkt, und seit der Veröffentlichung der »Panama Papers« waren die Beziehungen zum Ausland auf einem Tiefpunkt. Und trotzdem redeten alle nur über den Film und waren stolz, wieder Erster zu sein: Das erste Land, das einen Film im Weltall gedreht hatte.

Es war für meine Landsleute schon immer wichtiger, etwas im Weltall zu erreichen als auf der Erde. Auf der Erde kann jeder, sagten sie. Versuch es im Kosmos! Wir ehemaligen Sowjetmenschen sind alle vom Kosmos geküsst. In der Pseudoromantik des Kapitalismus ging es stets darum, als Tellerwäscher anzufangen, um es irgendwann zum Millionär zu bringen, wenn alle Teller sauber waren. Der Trick dabei war, dass nie alle Teller sauber waren. Kaum hatte man die erste Portion abgewaschen, kam eine neue, größere nach. Wir aber träumten vom Universum. Überall im Land wollten sich Menschen auf ihre kosmische Tauglichkeit testen lassen. In meiner Kindheit träumten alle Mädchen davon, Ballerina zu werden, und alle Jungs wollten Kosmonaut werden. In jedem Pionierschloss gab es einen »Trupp der jungen Kosmonauten«, und es war nicht leicht, dort Mitglied zu werden. Man musste ein Vorgespräch mit einem Kosmonauten bestehen, der entweder bereits selbst ins All geflogen war oder zumindest alle dafür notwendigen Tests bestanden hatte.

Kosmonauten waren die Promis des Sozialismus. In Konzerten, Fernsehshows und bei Parteitagen saßen sie in den ersten Reihen. Sie hatten sogar ihre eigene Stadt in der Nähe von Moskau, »Sternstädtchen« genannt, in der nur Kosmonauten und ihre Familien lebten. Für Normalsterbliche war es unmöglich, dort hineinzukommen. Diese Stadt hatte eine Einwohnerzahl im fünfstelligen Bereich. Natürlich waren nicht alle, die dort lebten, ins Weltall geflogen, sonst hätten wir die Sonne hinter lauter Kosmonauten nie gesehen. Aber sie waren jederzeit bereit, die Erde zu verlassen.

Meine Mutter hatte in den Achtzigern in der Nähe des Sternstädtchens eine Datscha gemietet und kannte einige der Kosmonauten persönlich. Ich selbst war mit den Dorfjungen oft über die Mauer geklettert, um im dortigen Laden die guten Zigaretten der Marke Kosmos zu kaufen und mit den Kosmonauten in Kontakt zu kommen. Ich habe als Kind sogar mit mehreren gesprochen, auch mit solchen, die tatsächlich ins All geflogen waren.

Ein solcher echter Kosmonaut besuchte uns einmal und erzählte, im Weltall sei es eigentlich gar nicht so spannend. Am Anfang sei es hübsch: Die runden kleinen Planetchen drehten sich langsam um die eigene Achse und um die Sonne herum. Doch auf Dauer könne es ziemlich öde werden. Der Weltraum, erklärte uns der alte Kosmonaut, sei ein wenig wie Sibirien. Einmal durchreisen sei okay, aber dauerhaft dortzubleiben, nein danke.

Mama und ich waren sehr heiß auf den neuen russischen Film. »Hoffentlich zeigen sie die Premiere direkt im Fernsehen«, hoffte meine Mutter. Auch sie war mit ihren neunzig Jahren vom Kosmos geküsst. Man wusste nicht, ob auch eine Liebesszene zwischen dem Kosmonauten und der Ärztin erfolgreich gedreht worden war, oder ob sie die Szene auf der Erde hatten nachspielen müssen. Angeblich waren Liebesszenen im Weltall besonders schwierig.

Bereits im vorigen Jahrhundert hatten Russen umfangreiche Forschungen darüber angestellt, ob Sex in der Schwerelosigkeit möglich war. Zu diesem Zweck wurden Paare ins All geschickt. Die Ergebnisse dieser Experimente waren so lala. Wenn sich zwei Menschen in der Schwerelosigkeit heftig aneinanderpressten, flogen sie schon im nächsten Moment genauso heftig auseinander. Also mussten sie sich aneinander festschnallen. Es floss nichts in der Schwerelosigkeit, und es fiel nichts herunter. Wenn also einer der Liebenden vor Aufregung nieste, würde das Ausgenieste neben ihm in der Luft hängen, was nicht besonders erotisch aussah. Außerdem funktionierte die Durchblutung des Körpers im All anders. Das Blut stieg nach oben in den Kopf, was gut fürs Küssen ist. Um eine Erektion zu bekommen, müsste der Kosmonaut aber einen Kopfstand machen. Tom Cruise hätte das sicher hinbekommen, er hielt bekanntlich drei Stunden im Kopfstand durch. Die sowjetischen Kosmonauten mussten sehr lange dafür trainieren. Auch Jahre später, wenn sie längst wieder auf der Erde gelandet waren, konnten sie ihre Frauen zu Hause nur auf dem Kopf stehend umarmen, so sehr hatten sie sich an das Leben im Weltraum gewöhnt. Diese Übung kam bei dem Rest der Bevölkerung auch gut an. Die Nichtkosmonauten versuchten daher, es ihren Helden gleichzutun.

»Vielleicht sind wir deswegen so schräg geworden«, dachte ich und fragte Mama, ob mein Vater möglicherweise damals zu Hause Kosmonautenübungen gemacht hatte. Sie wollte mir jedoch nichts darüber verraten.

## Schöne neue Welt

Die Digitalisierung meiner Mutter war während der vierten Corona-Welle mit erstaunlichem Tempo vorangegangen. Drei Tage, nachdem Mama mit einer dritten Spritze geboostert worden war, konnte sie auf einmal selbstständig QR-Codes für sich und ihre noch nicht geboosterten Freundinnen einscannen. Dabei hatte sie noch eine Woche zuvor Schwierigkeiten gehabt, »QR-Code« überhaupt auszusprechen. Sie konnte neuerdings auch alle elektronischen Geräte in ihrer Wohnung selbst reparieren, egal ob Computer, Router oder digitaler TV-Receiver. Mama wusste, was zu tun war. Begann ein Gerät zu spinnen, zog sie den Stecker heraus und zählte bis drei. Eigentlich sollte man bis zehn zählen, aber durch Praxistests hatte sie herausgefunden, dass es auch kürzer ging. Dann steckte sie das Netzteil wieder ein, und alles funktionierte wie neu.

Außerdem hatte sie sich zu einem großen Fan von Apps entwickelt. Sie hatte auf ihrem Smartphone unter anderem eine Rückruf-App installiert und wusste so über die neuesten Lebensmittelskandale als Erste Bescheid. Eine andere App lieferte ihr die Programmtipps für die Philharmonie und das Konzerthaus zusammen mit der Information, an welcher Tür die QR-Code-Kontrolle für ihren Sitzplatzbereich durchgeführt wurde. Im Schwimmbad, in dem der Zutritt auch nur mit QR-Codes für extra eingerichtete Zeitfenster funktionierte, fühlte sich Mama wie ein Fisch im Wasser. Sie schwamm nach der dritten Impfung auch viel schneller als früher.

Möglicherweise würde Mama zukünftig weitere übernatürliche Fähigkeiten entwickeln, die Wände hochklettern oder mit geschlossenen Augen Kreuzworträtsel lösen. In der Presse wurde viel darüber berichtet, was mit Menschen passieren konnte, die sich nicht impfen lassen wollen, aber von den übermäßig Geimpften hörte man kaum etwas. Dabei gab es die auch. Mein russischer Freund Kyrill war sechs Mal geimpft worden, nicht aus gesundheitlichen, sondern aus politischen Gründen. Er musste dringend seine Mutter in Moskau besuchen, die erkrankt war. In Deutschland vollständig geimpft, musste er sich für die Reise nach Russland trotzdem zwei Mal mit dem russischen Impfstoff Sputnik V impfen lassen, weil die deutschen Impfstoffe in Russland nicht anerkannt wurden. Sie wurden diskriminiert, weil die Europäer wiederum die russischen Impfstoffe verschmähten, obwohl sie aus demselben Virus wie die deutschen gemacht wurden. Ein schmutziges Spiel der Politik, wie Kyrill selbst sagte. Um nach

Deutschland zurückzukommen, reichten seine QR-Codes nicht aus, weil er seine alten deutschen Impfungen vor der Abreise nicht in digitaler Form hatte eintragen lassen. Also musste er sich zur Sicherheit zum zweiten Mal mit den deutschen Impfstoffen impfen lassen, um seinen Impfstatus zu erneuern. Die russischen QR-Codes wurden ja bei der deutschen Einreisebehörde nicht akzeptiert, wieder ein schmutziges Spiel der Politik.

»Impfstoffe aller Länder, vereinigt euch!«, witzelte Kyrill über seinen Impfstatus. Als sechs Mal Geimpfter, also mit Impfstoffen aller Länder vollgepumpter Mann, machte er in Berlin einen quantitativen Antikörpertest. Er wollte wissen, wie viele vor Corona schützende Proteine in seinem Blut schwammen. Ab einem Wert von 20 bis 24 galt man hierzulande als ausreichend geschützt. Sein Labortest zeigte einen Wert von 4000 an und das nur, weil die Geräte nur bis 4000 messen konnten, wie ihm der Arzt erklärte.

»Unter diesen Umständen würde ich Ihnen von einer Booster-Impfung abraten«, meinte der Arzt. »Sonst laufen Ihre Antikörper über.«

Möglicherweise hatte unser Freund mehr Antikörper als eine mittelgroße europäische Stadt und rechnete nun fest mit einer baldigen Verwandlung. Schade, dass die Geschichte mit der Chipisierung der Bevölkerung nur ein Märchen ist. Sollte sie sich bewahrheiten, könnte mein Freund allein durch seine körpereigene Chipproduktion sämtliche Engpässe beheben und die deutsche Automobilindustrie beliefern.

Als wir uns das letzte Mal sahen, berichtete er, alle seine Sinne seien seit der sechsten Impfung geschärft. Es komme ihm vor, als würde er hören, was die Nachbarn ein Stockwerk unter ihm redeten. Außerdem könne er eine Dönerbude aus hundert Metern Entfernung riechen und brauche keine Lesebrille mehr. Zusätzlich habe sich bei ihm eine Art sechster Sinn gebildet, ein Nachrichteninstinkt. Intuitiv wisse er immer, was passiert sei. »Ich muss keine Zeitungen mehr lesen, keine Tagesthemen mehr angucken«, prostete sich Kyrill zu. »Noch bevor der Nachrichtensprecher den Mund aufmacht, weiß ich, es wird nur Unsinn berichtet.«

Auch ich verfolgte die aktuellen Entwicklungen auf dem Planeten kaum noch. Und wenn ich doch einmal kurz in meinem Smartphone auf die Newsseite schaute, hatte ich fast ausschließlich Nachrichten aus Lahr. Der Algorithmus in meinem Telefon glaubte nämlich irrtümlich, ich sei aus Lahr, und versorgte mich seit Jahren mit Lokalnachrichten: Diebstahl im Drogeriemarkt, Verdienstmedaille der Stadt verliehen, Abwassergebühren steigen. Wie zum Teufel kam der Algorithmus auf die Idee, ich sei aus Lahr? Ich war bestimmt einmal dort vorbeigefahren, aber das musste schon lange her sein. Nun gut, auch ich verfügte inzwischen über ausreichend digitales Fachwissen, auf jeden Fall so viel wie meine Mutter. Ich versuchte also mehrmals, die Option »Meine Lokalnachrichten« bei Google zu ändern. Mit Erfolg. Doch nach einer Weile verspürte ich plötzlich eine gewisse Sehnsucht nach Lahr. Was war los in der kleinen Stadt? War der Diebstahl im Drogeriemarkt inzwischen aufgeklärt? Stiegen die Abwassergebühren erneut? Wer hatte dieses Jahr die Verdienstmedaille bekommen?

Die Mathematik beeinflusst unsere Wahrnehmung immer mehr, dachte ich, während ich bei einem Konzert der Berliner Philharmonie mit Mama in der dritten Reihe saß. Wir hatten zum Beispiel ein einziges Mal Karten für Tschaikowskys 6. Symphonie online bestellt, seitdem wurden wir immer benachrichtigt, wenn irgendwo auf der Welt Tschaikowsky gespielt wurde. Irgendwann konnten wir Tschaikowsky aber nicht mehr hören und beschlossen, einen Abend mit moderner Musik zu besuchen. Im Programm stand, es handle sich um »eine interaktive Veranstaltung«.

»Was meinen sie mit ›interaktiv‹?«, fragte mich Mama. »Müssen wir selbst mitmusizieren? Ich kann kein Instrument spielen, höchstens Pauke.«

Wir scannten unsere QR-Codes ein und saßen in einem halb leeren Saal, links von uns ein leerer Sitz, rechts von uns ein leerer Sitz, vor und hinter uns war es ebenfalls leer. Ich wartete insgeheim darauf, dass Instrumente für ein interaktives Spiel verteilt wurden, eine Pauke für Mama, eine Trommel für mich. Die zeitgenössische Musik bestand aber hauptsächlich aus Vogelgezwitscher und Regentropfengeräuschen. Dazu liefen stumme Menschen in schwarzen Anzügen im Zuschauerraum hin und her. Einer kam direkt auf meine Mutter zu und tippte mit dem Finger auf seine Nase. Mama tippte auch mit dem Finger auf ihre Nase, sie glaubte, Teil der interaktiven Inszenierung zu sein. Der Mann wirkte erbost und drohte mit dem Finger in Richtung Mamas Nase. Langsam dämmerte es ihr: Es war ein Hinweis, dass sie ihren Mund-Nasen-Schutz falsch trug. Mama trägt die Maske nämlich immer so, dass die Nase unbedeckt bleibt, weil sie sonst nicht atmen kann. Diesmal musste sie sich dem Befehl beugen und wäre fast erstickt. Zum Glück hörte die Musik bald auf zu tropfen und zu zwitschern.

Diese 2G-plus-Konzerte mit Abstand seien eine Herausforderung sondergleichen, beschwerte sich Mama auf dem Rückweg. Draußen regnete es in echt, obwohl Mamas Wetter-App trockenes Wetter versprochen hatte. Die Pandemie hatte den Lauf der Jahreszeiten beschleunigt. Diesmal war der Herbst im Nu vorbeigerauscht, die bunten Blätter waren zu nassem Laub geworden und das Laub zu Matsch, bevor es gänzlich von den Straßen verschwand. In den Pfützen saßen hungrige Krähen, und die letzten nicht abgehängten Plakate für die Bundestagswahl vergammelten an den kahlen Kastanienbäumen. Es blieben immer diejenigen am längsten hängen, die verloren hatten. Irgendwelche Armins und Kevins, die keiner gewählt hatte. Diesmal war Olaf Bundeskanzler geworden. Vielleicht hatten die Parteien beschlossen, Matthias und Tobias einfach am Baum hängen zu lassen, bis zum Ende von Olafs Amtsperiode in vier Jahren. Dann wären sie bei der nächsten Wahlkampagne die Ersten, vorausgesetzt es war bis dahin noch etwas von ihren Plakaten und von unserer schönen Welt übrig.

»Wir hätten lieber ein Taxi nehmen sollen«, meinte Mama. »Wer weiß, wie lange wir noch diesen Luxus haben.«

Seit mehreren Monaten wurden bei uns Stimmen für einen Appell an die Stadtverwaltung gesammelt, unsere Straße solle, ganz im Trend der Zeit, eine autofreie Fahrradstraße werden. Vereinzelt gab es auch schon früher solche Vorstöße, doch die neue Fahrradinitiative, vor Kurzem gegründet, ging rasch auf Stimmenfang und hatte gute Erfolgschancen. Meine Mutter machte sich deswegen große Sorgen.

»Ich bin bald neunzig Jahre alt, ich steige nicht mehr aufs Rad«, wiederholte sie immer wieder. »Auch nicht auf ein Dreirad, ist mir egal, wie viele Räder es hat. Ich kann schon ohne Fahrrad kaum das Gleichgewicht halten.« Aus irgendeinem Grund glaubte sie, wenn unsere Straße autofrei würde, würden alle nicht Fahrrad fahrenden Verkehrsteilnehmer aus dem Verkehr gezogen oder mindestens diskriminiert, inklusive Fußgänger und Taxis, mit Ausnahme von Polizeistreifen und Kinderwagen vielleicht.

»Woher kommt dieser plötzliche Hass auf Autos, sie sind doch eine große Errungenschaft unserer Zivilisation?«, wunderte sich Mama.

Ich versuchte, ihr zu erklären, dass es gar nicht um Hass gegen Autos ging, sondern um Weltrettung und Klimaschutz.

»Und wo sollen dann die ganzen Autos aus unserer Straße hin?«, sorgte sich Mama. »Sie können doch nicht einfach verschwinden. Werden sie alle verramscht? Oder nach Indien verkauft? Was erhoffen sich diese Klimaschützer und Weltretter davon? Autos sind doch eine konstante Größe. Wenn man an einem Ort alle Autos wegschafft, werden sie an einem anderen Ort wieder auftauchen!«, führte Mama ihren aussichtslosen Kampf gegen die Fahrradstraße weiter.

Mama fährt sehr gern Auto, vor allem Taxi oder mit mir als Fahrer. Autofrei würde sie ihren Konzertsaal kaum erreichen. Natürlich könnte sie theoretisch die U-Bahn oder die Straßenbahn nehmen, doch dafür müsste sie etwa einen Kilometer bis zur Haltestelle laufen, möglicherweise im Regen, und das würde ihre Lust an der Musik deutlich reduzieren.

»Wir müssen alle irgendwie weiterkommen«, sinnierte Mama später in der Küche, »die Fahrradfahrer, die Autofahrer und die Fußgänger. Es bringt doch nichts, eine Gruppe auszuschließen. Ich habe das Gefühl«, sagte sie, »die neuen Fahrradmenschen können Gut und Böse nicht wirklich unterscheiden, beides hat sich verklumpt. Sie wollen nur das Gute und tun dabei Böses oder Blödes. Sie brauchen eine Autorität, die sie auf eine Linie bringt. Vielleicht eine App? Könnte man nicht per QR-Code regeln, was richtig und was falsch ist?«

»Natürlich kann man das, Mama, es wird auch früher oder später kommen. Die künstliche Intelligenz nimmt dir die Qual der Wahl ab.« Sie entschied bereits jetzt, ob wir ausreichend geimpft waren, um ins Konzert oder ins Schwimmbad zu gehen, sie sammelte Nachrichten für uns, und wir nahmen ihre Dienste gerne in Anspruch, obwohl wir wussten, dass sie nicht wirklich intelligent war. Den Begriff einer denkenden Maschine hatten Kybernetiker im vorigen Jahrhundert erfunden, um einen gut klingenden Namen für ihr Forschungsprojekt zu kreieren. In Wahrheit konnte die Maschine nicht selbst denken, sie konnte nur rechnen und bereits vorher von Menschen gefundene Lösungen für neu aufkommende Probleme bieten.

Wir fielen gern darauf rein. Algorithmen diktierten uns, wie viel wir uns bewegten, mit wem wir schliefen, was wir kauften und wann wir zur Impfung gehen sollten. Und das war erst der Anfang, sagten die Tüftler. Welche Hilfsangebote würden uns in nächster Zukunft begegnen? Eine Kirchen-App für Gläubige aller Art, die uns die Beichte abnahm und für uns Buße tat? Ein Stadtplaner-Algorithmus, der uns erklärte, wie wir uns am besten fortbewegen sollten? Eine universelle Ethikmaschine zur Unterscheidung von Gut und Böse?

Vor einiger Zeit hatte ich gelesen, das amerikanische Allen Institute in Seattle habe bereits eine Moral-Maschine namens »Ask Delphi« präsentiert. Diese Maschine bot für jede Lebenssituation eine moralisch vertretbare Lösung an, ohne länger als eine halbe Sekunde zu »denken«, basierend auf ethischen Vorstellungen, die laut Statistik von der Mehrheit der Gesellschaft akzeptiert wurden. Die Maschine konnte jede menschliche Regung als »gut«, »schlecht« oder »neutral« bewerten. Nach Meinung der Maschine war es nicht okay, Sterbende zu belügen, einen Nazi zu schlagen ging hingegen in Ordnung, seine Schulden zurückzahlen war eine Selbstverständlichkeit und zu spät kommen ging gar nicht.

Bald sollte auch die Staatsverwaltung an Denkmaschinen abgegeben werden, programmiert auf friedliches Zusammenleben und maximale Entfaltung der Kreativität aller Bürgerinnen und Bürger. Dann müssten Matthias, Tobias und Olaf gar nicht wieder an den Baum. Und so könnte die Zukunft aussehen: Wir drücken auf einen Knopf und sind alle Sorgen los – keine nervigen Parteien mehr, keine endlosen Debatten darüber, wer welchen Posten bekommen soll. Wie viel Zeit und Geld könnte man damit sparen, wie viel sicherer wäre unser Leben.

Möglicherweise war ja der neue Kanzler bereits die Vorstufe zu einer Digitalisierung der Politik: Er quatschte nicht viel, konnte aber gut rechnen. Sein Nachfolger könnte bereits ein Algorithmus sein, Olaf 2.0. Er würde per QR-Codes die Wünsche alle Bürgerinnen und Bürger sammeln und aus der Summe der Wünsche und der Möglichkeiten zu ihrer Realisierung eine für alle vertretbare Politik durchsetzen. Sollte der Regierungsalgorithmus aus irgendeinem Grund spinnen oder einer Hackerattacke zum Opfer fallen, würden wir Olaf 2.0 kurz den Stecker ziehen, bis drei zählen und ihn wieder einstöpseln. Ja, ich weiß, man sollte eigentlich bis zehn zählen, aber wie Mutter bereits in ihren Experimenten festgestellt hat, funktioniert es auch kürzer. Es wäre ein schönes digitales Leben. Uns bliebe dann nichts weiter zu tun, als ab und zu in unsere News zu schauen. Die Abwassergebühren in Lahr würden vermutlich weiter steigen, aber egal, wir schwammen trotzdem weiter. Wie die Chinesen sagen: Nur tote Fische werden ans Ufer geschwemmt.

## *Tanzlustbarkeiten am Ende der Klarheit*

Kurz vor Weihnachten 2021 sah es danach aus, als würden die Kultureinrichtungen wieder schließen und wir in den nächsten Lockdown geraten. Aber nein. Die Theater durften weiterspielen, die Restaurants schoben die Tische nur wieder etwas weiter auseinander, und sogar die Clubs blieben offen. Man durfte am Tresen sitzen, Cocktails trinken, Musik hören, sogar von zu Hause mitgebrachte belegte Brote verspeisen, nur Tanzlustbarkeiten wurden generell untersagt. Jeder Mensch, der sich rhythmisch durch die Stadt bewegte, konnte wegen »Verführung zu Tanzlustbarkeiten« vom Ordnungsamt angezeigt werden.

Obwohl ich seit über dreißig Jahren in Deutschland lebte, hatte ich den Begriff »Tanzlustbarkeiten« noch nie gehört. Das Deutsch-Russische Wörterbuch hatte Mühe, eine Entsprechung dafür zu finden. »Tanzen, bis Ihre Wünsche erfüllt werden« lautete die russische Google-Übersetzung. Von allen guten Geistern verlassen und mit einem irren Grinsen im Gesicht ritt das bodenständige und rational denkende Deutschland ins Reich des Wahnsinns. Was für Wünsche durften nicht erfüllt werden?

Seit die Wörterbücher ins Internet gewandert waren, war auf sie kein Verlass mehr. Die Deutsch-Russische Übersetzung versagte immer wieder, aber auch als ich neulich mit meinen russischen Freunden in einem französischen Restaurant saß und die »Austern Fine de Claire« auf der Speisekarte ins Russische übersetzen wollte, gab mir das Wörterbuch mit »Österreich. Das Ende der Klarheit« seine sehr persönliche Sicht auf die französische Küche. Als gesetzestreuer Bürger wollte ich nun aber unbedingt herausfinden, was diese Tanzlustbarkeit war. Denn die Unbegreiflichkeit eines Gesetzes schützt nicht vor Strafe. Ich habe diese Lustbarkeit schließlich in Paragraf 10, Absatz 3 der deutschen Feiertagsgesetzordnung gefunden. Dort stand, eine Tanzlustbarkeit liege vor, wenn eine bestimmte Anzahl von Personen sich synchron rhythmisch bewegte. Ob diese Bewegung nun vorher als Tanz angekündigt war oder spontan und unabsichtlich entstand, spielte dabei keine Rolle.

Jedes Mal, wenn ich nun einkaufen oder spazieren ging, achtete ich darauf, mich nicht im Gleichschritt mit anderen zu bewegen, um nicht unabsichtlich eine Tanzlustbarkeit in Gang zu setzen. Dabei stellte ich fest, dass sich sehr viele Mitmenschen synchron bewegten. In der Straßenbahn, in Geschäften und auf der Straße schienen wir alle in einer seltsamen rhythmischen Tanzverbindung zueinander zu stehen. Wir übten, sicherlich unbewusst, einen Corona-Tanz, was uns nicht vor Strafe schützte. Ging es dabei um den unerfüllten Wunsch, die Sehnsucht nach unserem alten Leben? Eine Lustbarkeit lag hier deutlich vor, ich verstand nur nicht, welche.

Meine Mutter hatte sich zeitig für teures Geld Karten für eine ganz legale Lustbarkeit in der Staatsoper besorgt. Das Kontingent war schnell ausverkauft, man spielte »Lohengrin 2G-plus ohne Abstandsregel«. Das hieß, alle Schwäne, Ritter und Besucher sollten geimpft und genesen sein, und das Publikum musste während der gesamten Veranstaltung Mund-Nasen-Schutz tragen. Für Mama bedeutete das, viereinhalb Stunden die Luft anzuhalten mit zwei Pausen zwischendrin.

»Das ganze Altsein haben sie mir versaut«, schimpfte Mama. Dabei wusste sie selbst nicht mehr, wem sie die Schuld an dieser Misere geben sollte: den neuen Virusmutanten aus fernen Ländern oder den heimischen Politikern, die alle Bürgerinnen und Bürger des Landes als eine Einheit betrachteten. Sie sahen keine individuellen Personen, sondern einen dicken fetten Volkskörper vor sich, und diesem Volkskörper wollten sie auf Teufel komm raus eine übergroße Spritze verpassen, damit sich das Problem mit der Überlastung der Krankenhäuser endlich erledigte. Doch Teile dieses Volkskörpers wehrten sich heftig, sie wollten sich partout nicht dem Diktat der Regierung unterwerfen. Sogar im Freundeskreis meiner Mutter gab es vereinzelte Individuen, die sich auf keinen Fall impfen lassen wollten.

»Mein Körper gehört mir! Ich möchte selbst über meine Zukunft bestimmen«, sagten diese Einzelpersonen, allesamt Angehörige der Risikogruppen. Sie nahmen den Kampf mit dem Staat auf ihre schmalen Schultern, obwohl es immer schwieriger für sie wurde, sich dem Zeitgeist zu widersetzen. Ich hatte in Mamas Umfeld recherchiert: Es waren vor allem sehr alte Menschen, die sich der Impfung verweigerten. Diese Menschen hätten sich eigentlich keine großen Gedanken darüber machen müssen, dass ihr Erbgut negativ beeinflusst werden könnte, oder dass ihr perfektes Immunsystem durch das Vakzin beschädigt werden könnte. Selbst wenn, hätten sie dadurch nicht viel zu verlieren.

Nach meiner Vorstellung sollten es eigentlich vor allem gläubige Menschen sein, die der Wissenschaft misstrauten. Zum Beispiel Menschen, die an Reinkarnation, an die eigene Wiedergeburt glaubten, sodass sie sich aus nachvollziehbaren Gründen nicht impfen lassen durften. Die meisten von ihnen sahen sich im nächsten Leben als irgendein schönes Tier. Schmetterlinge standen hier besonders hoch im Kurs, völlig ungeachtet der Tatsache, dass sie eine lange und anstrengende Phase als Raupe durchmachen mussten, bevor sie zu Schmetterlingen wurden. Die zukünftigen Schmetterlinge hatten Sorge, durch die Impfung könne ihre Reinkarnation danebengehen, wodurch sie zum Beispiel als Schmusekaninchen in einem Zoogeschäft im Wedding wiedergeboren wurden, ruhelosen Fünfjährigen hilflos ausgeliefert. Wer wollte schon so ein Schicksal, ihre Sorgen waren durchaus berechtigt.

Strenggläubige Christen waren der Impfung gegenüber ebenfalls skeptisch, sie wollten ungeimpft im Himmel ankommen. Das hat mich überrascht. Ich hätte wetten können, dass alle Paradiese längst auf 2G-plus umgestiegen waren, um einen Lockdown zu vermeiden. Ein Lockdown im Paradies wäre doch extrem rufschädigend. Und selbst in der Hölle, so stellte ich es mir vor, würde man neuerdings als Ungeimpfter bestimmt gleich am Eingang ein Stäbchen in die Nase gesteckt bekommen, mindestens vier Zentimeter tief. Das würde dann bis in alle Ewigkeit heftig gedreht. Wer nichts herausholte, würde in die Pfanne geworfen und angebraten.

Christen schienen also über ihre Zukunft, ihr Leben nach dem Tod, besorgt zu sein. Aber erstaunlicherweise machten sich auch Menschen, die an gar nichts glaubten und freiwillig aus dem Leben scheiden wollten, Gedanken. Anfang Dezember hatte die deutsche Sterbehilfe verkündet, man würde ab sofort auf 2G umsteigen. Sterbehilfe werde nur noch für Geimpfte und Genesene geleistet, während Gesunde und Getestete weiterleben müssten, egal wie. Und was passierte? Sofort reduzierte sich die Anzahl der Anträge fast um die Hälfte. Aus welchem Grund sich sterbewillige Menschen nicht impfen lassen wollten, war mir ein Rätsel. Auf der Willkommensseite der Hilfsorganisation stand, dass die Begleitung und Prüfung der Freiwilligkeit menschliche Nähe voraussetzte, die gleichzeitig ein Nährboden für eine Virusübertragung sei. Die Mitarbeiter wollten ihre Kunden auf ihrem traurigen letzten Weg ins Jenseits nur bis zur Tür begleiten, die unser Dasein von dem großen Nichts trennt, keinen Schritt weiter. Deswegen 2G. Die Sterbewilligen sagten dazu: Nein, dann kommen wir auch nicht mit. Sie sorgten sich tatsächlich um ihre Zukunft, anders konnte ich mir das nicht erklären.

Und wir doppelt und dreifach Geimpften? Welche unerfüllten Wünsche konnten wir uns noch ertanzen? Unmerklich, auf leisen Füßen war unsere Zukunft von uns gegangen. Und wir hatten nichts bemerkt. Bereits lange vor der Pandemie hatte sie ihre Koffer gepackt, unsere große, helle Zukunft.

Als Erstes waren die Kommunisten gegangen, sie hatten sich in Luft aufgelöst. In der Sowjetunion, in der DDR, fast überall auf der Welt hatten sie die Menschen mit eiserner Hand in die Zukunft gesteuert, bis sie quasi über Nacht nicht mehr da waren. Wer weiß, vielleicht waren sie nur umgezogen und hielten jetzt auf einem weit entfernten Roten Planeten die endlosen Sitzungen ihrer Politbüros ab. Vielleicht hatten sie anderswo eine andere Menschheit gefunden, die nicht so egoistisch und selbstverliebt war wie wir, nicht so gierig und oberflächlich. Mit dieser anderen Menschheit hatten sie womöglich im Handumdrehen einen neuen Kommunismus aufgebaut. Aber eins stand fest: Hier auf unserem Planeten würde es in absehbarer Zeit kein »jeder nach seinen Fähigkeiten, jedem nach seinen Bedürfnissen« mehr geben.

Angesichts der verschwundenen Kommunisten wäre die Frage angebracht: Wo waren die Kapitalisten hin? Wo hatten die sich verkrochen mit ihrer ungebremsten Lust auf Bereicherung, mit dem schier endlosen Konsumangebot, mit Jachten aus purem Gold, Badewannen voller Champagner, mit dem ganzen Protz der Tellerwäscher-Millionäre? Sie fuhren jetzt Fahrrad und aßen Brei. Das Land der unbegrenzten Möglichkeiten war tief verschuldet und stand bei den Chinesen in der Kreide. Auf einmal hieß es, man müsse Mäßigung üben und Entbehrungen in Kauf nehmen, wenn man die Klimaerwärmung um 1,5 Grad senken wolle. Nur so bekämen wir vielleicht noch ein wenig Luft für eine klitzekleine Zukunft. Aber die Zeit der »Big Futures« war endgültig vorbei. Geblieben waren alte Filme, Erinnerungen an längst vergangene Zeiten und die Wettervorhersage für die nächsten vierzehn Tage: Polare Luftmassen sorgten für Dauergrau und Trübnis. Was kam, wusste nur der Kuckuck, er sagte es aber nicht.

Nicht zuletzt deswegen konzentrierten sich die Menschen auf ihre Bildschirme. Sie schauten sich Spionageserien über jene Zeiten an, in denen es sich noch gelohnt hatte, beim Klassenfeind zu spionieren.

Während sich mein Sohn unzählige Staffeln von *Americans* anschaute, in denen es um russische Spione in den USA ging, hatte meine Mutter im russischen Fernsehen ihr Herz an eine Serie mit dem Titel *Das Stenogramm ihres Lebens* verloren – über amerikanische Spione in Russland. Einmal die Woche trafen sich die Generationen zu Mittag und tauschten ihre Spione aus, das heißt, sie erzählten sich, was in ihren Serien und Staffeln los war.

Meine Tochter hatte mittlerweile eine eigene Serie entwickelt mit sich selbst in der Hauptrolle. Sie ging nämlich zur Gestalttherapie. Ich glaube, es war coronabedingtes Verhalten. Die Jugend strömte in Scharen zu Therapeuten. Sie wurden in dieser Zeit der immer weiter reduzierten sozialen Kontakte zu den wichtigsten Freunden und Freundinnen, zu aufmerksamen Zuhörern und Ratgebern. Alle waren ausgebucht, Termine wurden wie Gold gehandelt.

Die Jugendlichen besuchten Therapien aller Art, je nachdem was ihre Krankenversicherung zu übernehmen bereit war: Paartherapie, individuelle Therapie, Hypnose und Psychoanalyse, Körper- und Kunsttherapie, systemische Musiktherapie usw. Aber die ungekrönte Königin aller Therapien war die Gestalttherapie. Ihr Versprechen bestand darin, den Menschen wieder zu einem in sich abgeschlossenen Ganzen zu machen. Uns kamen nämlich oft Teile von uns selbst abhanden, ohne dass wir es überhaupt bemerkten. Wir standen morgens auf, putzten die Zähne, machten Yoga, kochten Kaffee, setzten die Maske auf, gingen zur nächsten Teststation, ließen uns auf die neue Virusmutante testen und blieben auf einmal stehen. Moment mal. Wo wollten wir eigentlich hin und zu welchem Zweck? Wir waren ausreichend geschützt, dreifach geimpft, genesen und getestet. Aber wir wussten nicht mehr, wohin mit dem ganzen Glück. Der Mensch musste seine innere Welt mit der Außenwelt neu synchronisieren, und lernen, Dinge, die ihm nicht gefielen, zu tolerieren.

Meine Tochter mochte zum Beispiel keine Tomaten. Sie verstand nicht, warum sie Tomaten nicht mochte, aber ihre Abneigung hinderte sie daran, mit Freunden und Familie gemeinsam einen Salat zu verzehren. Also bekam sie von ihrer Therapeutin die Aufgabe, sich einen Tag lang nur von Tomaten zu ernähren. Sie musste sich überwinden und konnte tatsächlich einen Sieg über ihre Tomatenabneigung erzielen. Ein kleiner Schritt für die Menschheit, ein großer für meine Tochter. Sie konnte Tomaten zwar immer noch nicht leiden, sie schmeckten ihr einfach nicht, aber sie hatte das Gefühl, etwas Wichtiges geschafft zu haben. Allerdings gab es noch weitere Probleme: Sie hatte auch Angst, allein zu sein, beispielsweise allein in einem Café zu sitzen, als wäre sie von der ganzen Welt vergessen und verschmäht.

»Nehmen Sie ein Buch, das Sie nicht lesen möchten, und setzen Sie sich allein in ein Café, das Sie nicht leiden können!«, forderte die Therapeutin meine Tochter auf. Die saß daraufhin einen ganzen Abend mit dem *Ekel* von Sartre und einem Moscow Mule im Babel am Fenster zur Straße und staunte nicht schlecht, wie viel Aufmerksamkeit man bekam, wenn man mit *Ekel* und Alkohol allein am Fenster saß, während es draußen dunkel war und nieselte.

Der Sinn der Therapie bestand darin, die Kontrolle über sein Leben zurückzugewinnen und am Ende seine Gestalt »zu schließen«, sich also nicht mehr als Ansammlung ärgerlicher Einzelheiten zu betrachten, sondern als ein Ganzes aus vielen Teilen zu betrachten, als ein aus Sartre und Tomaten bestehendes Konstrukt, das sich »Gestalt« nannte.

Natürlich musste man auch als geschlossene Gestalt weiterhin zur Therapie gehen, weil man sich ständig änderte. Alte Teile verschwanden, neue kamen hinzu, und so konnte die Gestalt jederzeit wieder geöffnet werden. In diesem Sinne hat die Gestalttherapeutin eine lebensbegleitende Aufgabe, die leider von der Krankenkasse nicht übernommen wird. Zumindest solange die Patienten andere Patienten nicht mit Tomaten bespucken und ihnen ihren Sartre auf den Kopf hauen.

»Oma, wie habt ihr eigentlich früher festgestellt, ob eure Gestalt offen oder geschlossen ist?«, fragte das Kind meine Mutter.

»Gar nicht«, sagte Mama. »Wir wussten gar nicht, dass es eine Gestalt gibt. Man hat sie uns schlicht verheimlicht. Es gab auch keine Therapie.«

Ich sagte nichts dazu, obwohl ich mich gut an Mamas Kunsttherapie erinnern konnte. Sie hatte in unserer Moskauer Wohnung ständig Bilder berühmter Maler aus sowjetischen Kunstalben ausgeschnitten und in der kleinen Küche an die Wand geklebt, um unserer Welt etwas mehr Harmonie zu verleihen. Allerdings waren diese Farbkopien auf schlechtem Papier mit verwaschenen Farbtönen gedruckt. Mona Lisa war dunkelgrün im Gesicht und sah aus wie ein Krokodil. Van Goghs Selbstporträt hatte Gelbsucht, und die Sixtinische Madonna hielt statt eines Babys ein Würstchen mit Froschaugen vor der Brust. Bei jeder Mahlzeit schauten diese Monster mir zu, wie ich Bratkartoffeln aß.

Viele Jahre waren seitdem vergangen, und ich stellte fest, Mamas Therapie hatte gewirkt: Jedes Mal, wenn ich die Mona Lisa oder Van Gogh sah, knurrte mir der Magen, und ich hatte Bratkartoffelgeruch in der Nase.

## *Pelmeni*

Zu Mamas neunzigstem Geburtstag war ich extra früh aufgestanden, um ihr einen Blumenstrauß zu bringen. Aber ich war nicht der Erste, die Dame vom Bezirksamt war mir zuvorgekommen. Sie hatte meiner Mutter einen Porzellanhasen von der Bezirksverwaltung gebracht und war wie eine alte Freundin begrüßt worden. Frau Palina, die wir schon von früheren Geburtstagen kannten, eine junge Dame mit Russischkenntnissen und Migrationshintergrund, erzählte uns auch dieses Mal rührend von ihrem spannenden Lebensweg. Sie war vor einigen Jahren aus Kasachstan nach Deutschland ausgewandert und arbeitete seitdem bei der Bezirksverwaltung in der Abteilung für Alters- und Ehejubiläen mit Schwerpunkt russischsprachige Mitbürgerinnen und Mitbürger.

In meiner Vorstellung gehört diese Abteilung zum Ordnungsamt, denn da in diesem Staat nichts dem Zufall überlassen wird, muss auch das Altsein seine Ordnung haben und in Form von Gesetzen und Verordnungen festgelegt werden. Zur Vollendung des achtzigsten Lebensjahres gratuliert einem die Bezirksverwaltung, ab neunzig erhält man den Porzellanhasen und einen Fünfzigeurogeschenkgutschein, und ab hundert grüßt der Bürgermeister persönlich, und der Bundespräsident verschickt eine Glückwunschpostkarte. Dann kommt wahrscheinlich Petrus vom Schlüsseldienst, nimmt deine Personalien auf und sammelt die Porzellanhasen ein, weil man aufgrund der Verletzungsgefahr nichts Zerbrechliches mit in den Himmel nehmen darf.

Frau Palina erzählte, dass die hier lebenden Russen und Russinnen eine vorbildliche Lebensdauer entwickelten, die beinahe an Unsterblichkeit grenzte. Es gäbe in unserem Bezirk sogar eine Dame, die vor Kurzem 109 Jahre alt geworden sei. Ihre ganze Wohnung sei voller Porzellanhasen, und sie wisse schon nicht mehr, wohin damit.

Ich fand diese Grüße von der Bezirksverwaltung ein wenig skurril, schließlich kannten sie dort meine Mutter gar nicht. Aber Mama freute sich. Sie betrachtete den Hasen als eine Art Auszeichnung für ihre Lebensleistung und lud die Dame vom Amt sofort zum Pelmeni-Essen ein. Für solche unerwarteten Besuche hatte meine Mutter nämlich immer einige hundert Pelmeni im Gefrierfach. Aber nicht nur sie, alle Landsleute, die ich kenne, froren Pelmeni ein. Diese Teigtaschen konnten hundert Jahre unbeschadet im Gefrierfach überdauern. Sie wurden zu jedem Anlass gekocht, und ständig wurden neue geknetet und eingefroren.

Man servierte sie Kindern und Senioren, und sollte irgendwann tatsächlich der Bürgermeister persönlich vorbeikommen, würde auch er einen tiefen Teller mit Teigtaschen bekommen. Er brauchte keine Angst zu haben, sie wurden nicht schlecht. Man konnte sie jederzeit aus dem Gefrierfach holen, gefroren ins kochende Wasser werfen und dann kurz abwarten, bis sie an der Wasseroberfläche erschienen – das Zeichen dafür, dass die Pelmeni fertig waren. Danach mussten sie schnell mit Schmand oder Butter gegessen werden, bevor sie wieder kalt wurden.

Ja, Pelmeni waren eine typisch russische Art, in sehr kurzer Zeit sehr viele Menschen glücklich zu machen. Und obwohl das Gericht scheinbar nicht aufwendig in der Zubereitung war, existierte in Russland eine umfangreiche kulinarische Literatur zur Herstellung, Hortung und dem anschließenden Verspeisen der Teigtaschen. Pelmeni-Kochbücher waren die Fibel, nach der sich das russische Leben richtete. Pelmeni waren eben nicht nur ein Gericht, sondern ein wichtiger Teil der russischen Identität. Die ganze turbulente Geschichte meiner Heimat, ihre Siege und Niederlagen, internen Auseinandersetzungen und Kompromisse, waren in diesem Hauptnationalgericht der Russen, in den gefrorenen Teigtaschen, zu finden.

All das konnten die Enkelkinder bei den Pelmeni natürlich nicht herausschmecken. Sie waren Europäer und gehörten zu einer anderen Gesellschaft, der Gesellschaft des nachhaltigen Konsumierens. Sie sahen keinen Spaß darin, sich die Bäuche mit Teigtaschen vollzuschlagen. Verständlich. Jede Zivilisation, jede Gesellschaft handelte nach einem bestimmten kulturellen Kanon, den sie als ihren eigenen erkennt, so lehrte uns die Wissenschaft. Und die Menschen benahmen sich nach den Vorstellungen und Vorgaben, die in diesem Kanon entwickelt und geformt wurden. Was den speziellen kulturellen Kanon der Europäer betraf, so hatte er die Gestalt eines Ratgebers. Bereits die heiligen Schriften, die dieser Zivilisation zugrunde lagen, die Zehn Gebote und die Bergpredigt, waren nichts anderes als archaische Beispiele einer Ratgeberliteratur, die darüber aufklärte, was man tun und lassen sollte, und welches Leben man führen musste, damit es einem gut ging und man zur rechten Zeit seinen Porzellanhasen bekam – beziehungsweise wieder in die richtigen Hände abgab.

Zum kulturellen russischen Kanon gehörte dagegen ein Kochbuch, das Kochbuch für Pelmeni. Die gesamte russische Küche drehte sich um gut haltbare Speisen, die sich zum Mitnehmen auf lange, unvorbereitete, unerwartete Reisen eigneten. Pelmeni wurden schon immer in Massen geknetet und eingefroren, weil das Volk in ständiger Ungewissheit lebte, was der nächste Tag bringen würde. Und das über Jahrhunderte hinweg. Die Geschichte Russlands war ein fortwährender Bericht der Auseinandersetzung zwischen dem Volk und dem Staat. Der Staat hatte immer etwas Übles mit dem Volk vor, er führte immer etwas im Schilde und offenbarte den Menschen nie seine Absichten. Doch die Russen wussten schon immer: Egal was kam, es konnte nur schlimmer werden.

Besonders oft und gern hat der Staat das Volk umgesiedelt: die Bauern in die Städte, die Arbeiter aufs Land, Weißrussen ans Baltische Meer, Russen nach Kasachstan. Allein für die Eroberung Sibiriens mussten Menschen in unzähligen Dörfern ihr ganzes Hab und Gut stehen lassen und in den Norden einem ungewissen Schicksal entgegenfahren. Diese Unsicherheit spielte in der russischen Küche eine herausragende Rolle. Man wusste nie, wann man wieder dazu kam, etwas zu essen. Und man hatte weder die Zeit noch die Ruhe, etwas lange zu kochen. Vor allem aber wusste man nie, ob der Staat abends bei einem anklopfen und die mit Liebe zubereiteten Gerichte selbst aufessen würde. In diesem Zustand der permanenten Ungewissheit blieb nur eines sicher: dass die tiefgefrorenen Pelmeni, einmal in heißes Wasser geworfen, nach einigen Minuten an der Wasseroberfläche erscheinen würden, auferstanden wie Jesus nach der Kreuzigung. Diese Sicherheit jedenfalls brauchte man zum Überleben. Vielleicht blieb die eine oder andere Teigtasche am Topfboden kleben, daran waren dann aber der Koch oder der Topf schuld.

Deswegen kneteten die Russen ihre Pelmeni wie verrückt, und es gab mehr Rezepte für sie als Einwohner in der Russischen Föderation. Das hatte allerdings zur Folge, dass die meisten Landsleute in ihrem Haushalt zwei Kühlschränke hatten – einen für Lebensmittel und einen für Pelmeni. Auch meine Mutter hatte zwei. Dieser vermeintliche Luxus sorgte bei den Enkelkindern prompt für Unmut.

»Wozu braucht Oma zwei Kühlschränke? So viele Lebensmittel braucht sie doch gar nicht, das ist pure Stromverschwendung«, sorgte sich mein Sohn Sebastian. Er schenkte meiner Mutter zum Geburtstag eine nachhaltige Topfpflanze und den Ratgeber *Das gesunde Frühstück, mir und meiner Umwelt zuliebe*. Er wollte seine Oma auf diese diskrete Art umerziehen. Schon mehrmals hatten die Enkelkinder versucht, ihrer Oma Weltrettungsliteratur unterzujubeln. Das Thema »Welt retten« war längst in den Köpfen und auf deutschen Bestsellerlisten zu Hause, und die Menge der Weltrettungsanweisungen war mittlerweile kaum noch zu überblicken: *100 praktische Tipps für das richtige Leben, 90 Wege zum nachhaltigen Ich, 66 Alltagsentscheidungen, die die Welt retten* und Ähnliches. Irgendwie hatte ich das Gefühl, die modernen Weltretter glaubten an die Magie der geraden Zahlen. Offenbar könnte eine Alltagsentscheidung zu viel die Welt sofort ins Verderben stürzen. Deswegen kamen ungerade Zahlen bei den Weltrettungsprogrammen so gut wie nie vor. In den meisten Ratgebern wurde allerdings behauptet, man solle bei sich selbst anfangen, wenn man die Welt retten wolle, sein eigenes Verhalten ändern. Nirgends stand, dass man bei der Oma anfangen sollte. Wahrscheinlich wollte der Enkel prüfen, ob die Idee mit dem gesunden Frühstück tatsächlich funktionierte, und dafür seine Oma als Versuchskaninchen benutzen. Meine Mama wertete das Geschenk als Provokation. Sie konnte dem Versprechen des Verfassers nichts abgewinnen, dass fettarmer Joghurt, Nüsse und Trockenfrüchte ihr zu mehr Vitalität verhelfen und ihr Leben verlängern sollten. Immerhin hatte sie bereits neunzig Jahre ohne gesundes Frühstück geschafft und fühlte sich eigentlich ganz wohl dabei.

Ich beneidete die Jugend. Schnurstracks und ohne zurückzuschauen marschierte sie im Gleichschritt ihrer geretteten Welt entgegen, ohne Zweifel und ohne die Angst, diese Welt könne unter Umständen einen Babybeikostgeschmack haben und nicht wirklich lebenswert geraten. Sie war nicht bereit, Kompromisse zu schließen, oder menschliche Makel und Schwächen zu akzeptieren. Die geheimnisvolle Frucht der Erkenntnis, die schon Adam und Eva so neugierig gemacht hatte, hat sie zu einer Trockenfrucht in Bio-Qualität dehydriert und sich zum gesunden Frühstück serviert, mit Nüssen und fettarmem Joghurt, wie es sich gehörte.

Natürlich waren diese jungen Menschen nicht so naiv zu glauben, man könne mit einem Frühstück die ganze verfahrene Situation auf diesem Planeten entspannen. Die

Welt würde nicht allein an falscher Ernährung zugrunde gehen. Gemäß der aktuellen Ratgeberliteratur gab es derzeit fünf Szenarien der Apokalypse: Da wäre zum einen die Versklavung der Menschheit durch künstliche Intelligenz verbunden mit einer totalen Überwachungstechnik. Diese Versklavung war bei der Oma total danebengegangen. Im Gegenteil, die künstliche Intelligenz wurde von der Oma versklavt. Sie dachte wie Oma, mochte dieselben Schwarz-Weiß-Filme wie Oma und bot ihr diese Filme auch ständig an. Sie spielte sogar Schach wie Oma, nämlich sehr vorsichtig, defensiv und mit langen Denkpausen.

Eine weitere Ursache für den Untergang konnte Überbevölkerung durch unkontrollierte Vermehrung der Menschen sein. Aber aus diesem Spiel war die Oma längst raus. Der Atomkrieg, hervorgerufen durch gepanschten Alkohol in nicht demokratisch regierten Staaten und unüberbrückbare politische Differenzen mit trockenen Nachbarländern, wäre eine dritte mögliche Variante für den Weltuntergang. Oma trank aber nicht und hatte auch keinen Zugang zu atomaren Sprengköpfen. Möglich wäre viertens, dass unsere wissbegierige Wissenschaft sich an der Frucht der Erkenntnis verschluckte und ein kleines Virus in die Welt setzte, das die ganze Menschheit dahinraffte. Dagegen waren die meisten aber Gott sei Dank inzwischen immun. Die Oma selbst wurde geboostert, was das Zeug hielt, und hatte in einem Jahr mehr Spritzen bekommen als in sämtlichen neunzig davor. Sie war inzwischen ein einziger Antikörper.

Was blieb, war die langweiligste Variante: der schleichende ökologische Kollaps des Planeten durch einen unverantwortlichen Umgang mit den Ressourcen und durch übermäßigen Konsum. Wir alle trugen Schuld daran, wir hatten alle gesündigt und bekamen jetzt die gerechte Strafe dafür. Und die Oma war ganz vorne mit dabei mit ihren zwei alten Kühlschränken, die nicht einmal energieeffizient waren. Die Tatsache, dass einer der Kühlschränke gar kein Kühlschrank war, sondern ein Gefrierschrank für Pelmeni, und dass es dabei gar nicht ums Essen ging, sondern um das Aufbewahren und Einfrieren der eigenen Identität, wurde von der jungen Generation nicht ernst genommen. Sie lebte, wie gesagt, in einer anderen Realität.

Doch manchmal sickerte die mystische Bedeutung der Pelmeni auch in diese Realität ein. Meine Tochter arbeitete in einer russischen Bar in Berlin, und zur Weihnachtsfeier hatten die Chefs angeordnet, alle Kollegen und Kolleginnen sollten Schürzen mitbringen. Nicole besaß gar keine Schürze, also fragte sie ihre Oma, ob die ihr eine ausleihen könne. Oma hatte viele alte Schürzen, und einige waren sogar älter als Nicole. Das Enkelkind wählte eine mit Hammer und Sichel drauf und mit dem Schriftzug »Geboren in der Sowjetunion«. Nicole war in Deutschland geboren, gab aber gerne mit ihren russischen Eltern an.

In ihrem Umfeld fühlte sich ein Mensch ganz ohne Migrationshintergrund benachteiligt. Man musste schon mindestens eine Großtante in Peru haben, um zu dieser neuen globalen Leitkultur zu gehören.

Wozu die Schürzen gebraucht wurden, wusste Nicole nicht. Ich dagegen hatte eine Ahnung, was bei der Weihnachtsfeier passieren würde. Und ich hatte recht. Die Arbeitskollegen wurden in zwei Mannschaften eingeteilt, und jede musste in möglichst kurzer Zeit hundert Teigtaschen kneten. Es wäre die schönste Weihnachtsfeier ihres Lebens gewesen, erzählte die Tochter hinterher. Die halbe Nacht hätten sie Teigtaschen geknetet und gekocht, die andere Hälfte der Nacht hätten sie sie dann gegessen. Natürlich mit Schmand und alkoholischen Erfrischungsgetränken.

Ich glaube, sie hat in dieser Nacht etwas Wichtiges fürs Leben gelernt. Ich werde oft gefragt, wie Russen das alles aushalten – das autokratische Regime, das ihnen die letzten Freiheiten raubt, die sechs langen Wintermonate jedes Jahr, von der ganzen Ungerechtigkeit des staatlich gelenkten Kapitalismus ganz zu schweigen. Was tun sie, um nicht auszurasten? Die Antwort ist: Sie kneten Pelmeni. Nicht nur in Russland, im ganzen postsowjetischen Raum rollen die Menschen andauernd Teig aus, und los geht's.

Vor einiger Zeit sorgte ein Fall in Kasachstan für Schlagzeilen: Ein paar junge Mädchen hatten in einer Disko ein paar Jungs kennengelernt und zu einer Party zu sich nach Hause eingeladen. Dort wurden die Jungs jedoch von kräftigen Männern in Geiselhaft genommen und mussten für ihre Befreiung jeder vierhundert Teigtaschen der in Kasachstan besonders beliebten Sorte »Bärenöhrchen« kneten. Diese geheime Fabrik funktionierte ohne aufzufliegen, denn keiner der Jungs ging später zur Polizei. Es war ihnen peinlich zu gestehen, dass sie für ihre Freilassung Pelmeni hatten kneten müssen. Die ganze Pelmeni-Sklaverei flog erst auf, als die Schurken aus Versehen einen zweifachen Karatemeister als Geisel nahmen. Der Karatemeister schlug die Sklavenhalter zusammen und ging nach Hause, wobei er selbstverständlich fünf Packungen »Bärenöhrchen« mitnahm.

In Berlin hat die Mannschaft meiner Tochter nebenbei bemerkt den Pelmeni-Wettbewerb verloren. Sie hatte sich zu viel Mühe gegeben und war daher langsamer als die andere gewesen. Dafür sollen ihre Pelmeni dann aber viel besser als die der Gewinner geschmeckt haben.

## Zeitfensterputzen vor dem Späti

»Merhaba! Bugün nasılsın?« Ich wollte den Chef vom Späti wie früher freundlich grüßen, wir kannten uns eigentlich gut, und er mochte mein Auto. Diesmal würdigte er mich jedoch keines Blickes, sondern flog wie eine Rakete aus seinem Laden heraus und wieder hinein. Der Mann war im Stress. Er hatte sich mit seiner neuen Rolle als Postmitarbeiter eindeutig übernommen. Die Schlange vor dem Späti war zwanzig Meter lang. Genauer gesagt war es auch nicht eine Schlange, es waren drei, die sich umeinander schlängelten und den Hygienebedingungen unserer Zeit in keiner Weise entsprachen. Der Chef versuchte, die Menschen in gerader Linie aufzustellen wie in einer richtigen Postfiliale, aber das funktionierte nicht.

Seit unser Späti in eine Poststelle verwandelt wurde, sieht der Chef alt aus. Früher hatte er Zeit. Er konnte stundenlang mit einem gemütlichen Joint in der Hand vor seinem Laden sitzen, und wir tauschten uns gelegentlich über Autos und die Belange der Weltpolitik aus. Er fand Putin okay und Trump gut, und sinnierte darüber, dass die

Deutschen zu viel Steuern zahlten, die nur für Nonsens und Nebensächlichkeiten verschwendet wurden. Weniger Staat würde Deutschland guttun, behauptete er. Der freie Markt würde alles von allein regeln.

Nun hat der Markt ihn selbst und sein Geschäft geregelt. Eine Menge Menschen, die ihre Pakete abholen oder zurücksenden wollten, standen Tag und Nacht vor seiner Tür, bugün nasılsın brauchte man nicht mehr zu fragen. Die Post war zum Kollateralschaden der globalen Ökonomie geworden und hatte die Spätis in Mitleidenschaft gezogen. Denn auch die Deutschen hatten längst Aliexpress entdeckt und halfen den chinesischen mittelständischen Unternehmern, die Welt unter einer dicken Schicht von singenden Schlüsselanhängern, leuchtenden Schnürsenkeln, diebstahlsicheren Rucksäcken und T-Shirts mit Katzenmotiv zu begraben. Diese Onlineplattform bot über hundert Millionen Artikel unter 5,00 Euro. So billig war das Glück noch nie gewesen. Natürlich ließ die Qualität zu wünschen übrig, aber bei dem Preis konnte man nicht meckern, wie die Berliner sagten.

Meine Nachbarn bestellten aus China Zahnseide und Angelhaken mit Bissanzeiger, von denen die brandenburgischen Barsche begeistert waren. Auch Mama hatte sich von der Werbung erweichen lassen und einen Mantel bestellt. Er kam drei Monate später als erwartet und sah aus, als hätte er den langen Weg von China bis zum Späti zu

Fuß zurückgelegt. Nun wollten wir diesen reisenden Mantel zurück nach China schicken. Die Rücksendung würde das chinesische Füllhorn sicher nicht beschädigen, es versprudelte seine Waren weiter über die ganze Welt und war mit Einfuhrzöllen nicht zu stopfen.

Unser Planet steckte in diesem Horn fest. Russen und Amerikaner, Deutsche und die Polen, alle schauten hinein, und für jeden fand sich ein passendes Angebot. In Tschechien hatte der Staat kurz vor Weihnachten eingegriffen und eine Postabgabe von 8,00 Euro für Lieferungen aus China eingeführt. Daraufhin hatten die vernünftigen Tschechen ihre für die Familie bestellten Geschenke einfach in der Post liegen lassen. Den halben Winter gaben die tschechischen Postfilialen einen kurzen Einblick auf unsere Welt von morgen. Sie piepste und leuchtete. Aber es reichte auch ein Blick in unseren Späti-Laden, der bis zur Decke mit Paketen zugemüllt war, um festzustellen, dass die Menschheit unter einem Messie-Syndrom litt. Um es zu bekämpfen, half wahrscheinlich nur ein Trick: für jede neu angeschaffte Sache zwei zurück nach China schicken.

Der Späti-Chef musste jede Rücksendung einscannen, aber irgendetwas klappte nicht. Die Zeit schien in der Schlange stillzustehen. Mir ging es zu langsam, Mama dagegen wunderte sich, wie schnell heutzutage alles lief.

»Erstaunlich wie schnell die Zeit vergeht«, stellte sie fest. »Gerade eben schien mittags schon der Mond, jetzt scheint um fünf Uhr nachmittags noch die Sonne. Als würde die Erde sich immer schneller drehen. Könnte es vielleicht sein, dass die Menschen den Lauf der Erde beschleunigen, indem sie so viele Pakete rund um den Globus verschicken und dadurch dem Planeten zusätzlichen Schwung verpassen?«

»Mama, die Post ist überfordert. Wir stehen schon seit einer Stunde vor diesem Laden, und die Schlange bewegt sich keinen Zentimeter«, murmelte ich. Es war mir schon früher aufgefallen, dass Mama eine andere Zeitwahrnehmung hatte. Mit dem Alter verging die Zeit nämlich tatsächlich schneller. Das war kein bloßes Gefühl, sondern wissenschaftlich belegt. Albert Einstein hatte es mit seiner Relativitätstheorie erklärt. Laut dieser Theorie lief die Zeit für die Person schneller, die sich nicht bewegte. Im Gegenteil – je schneller man sich bewegte, desto langsamer lief die Zeit. Meine Mutter bewegte sich wenig. Sie mochte weder gehen noch fahren, also lief dafür ihre Zeit schneller.

Einstein selbst war übrigens auch kein Raser, er besaß nicht einmal einen Führerschein. Von allen Verkehrsmitteln bevorzugte er die Straßenbahn. In der Straßenbahn konnte er sich vergessen und so tief in seinen Gedanken versinken, dass er oft am Ende der Fahrt nicht mehr wusste, wo er gerade war und was mit ihm geschah. Auf diese Weise würde er der Zeit bewusst begegnen. »Denn unvergesslich bleibt nur jene Zeit, in der man die Zeit vergisst.« So kryptisch und poetisch zugleich äußerte sich der geniale Physiker in seinen Aufzeichnungen.

Laut Legende wurde sogar seine Relativitätstheorie in der Straßenbahn geboren. Demnach bestieg Albert Einstein im Frühling 1905 wie jeden Tag die Straßenbahn Nummer 6 in Bern, um von der Arbeit nach Hause zu fahren. Der Trambahnfahrer kannte ihn und grüßte höflich: »Bugün nasılsın, Herr Einstein! Alles gut unterm Hut?« Die Gleise führten an der Zytglogge vorbei, einem mittelalterlichen Glockenturm mit einer astronomischen Uhr. In der Straßenbahn dachte Einstein wie immer über das Geheimnis des Universums nach, er hatte ein Problem mit dessen Unendlichkeit. Plötzlich begann das Glockenspiel im Turm seine Melodie, und die Uhrzeiger fingen an, sich zu bewegen. Die Straßenbahn beschleunigte in der Kurve. In diesem Augenblick stellte sich Einstein vor, die Straßenbahn würde mit einer Lichtgeschwindigkeit von 300 000 Stundenkilometern an dem Glockenturm vorbeirasen. Dann würden die Uhrzeiger sich nicht mehr bewegen. Die Straßenbahn würde zum Stehen kommen, die Uhrzeiger sich wieder in Bewegung setzen. Aber solange die Bahn fuhr, lief die Zeit für die Menschen in der Bahn langsamer als für die auf der Straße.

Einstein erkannte: Je schneller wir uns durch den Raum bewegen, desto langsamer bewegen wir uns in der Zeit. Die Relativitätstheorie war geboren. Sie besagte, dass Zeit keine konstante Größe war. Das war keine erfreuliche Erkenntnis, besonders wenn man seit einer geschlagenen Stunde in der Schlange vor dem Späti schmorte. Aber laut Einstein war eine Stunde nicht gleich eine Stunde. Sie konnte auch nur eine Sekunde dauern, es kam eben auf die Geschwindigkeit an, mit der man sich bewegte. Einstein und seine Zeitgenossen waren damals wegen dieser Entdeckung sehr verwirrt. Ich auch. Wie war es überhaupt möglich, dass es keine Zeit gab? Das hieß ja, dass wir den Rest unseres Lebens in dieser verdammten Schlange vor dem Späti verbringen konnten mit einem chinesischen Mantel im Karton.

Wir mussten uns wieder bewegen, wenn wir die Zeit verlangsamen wollten. Doch Bewegung war Luxus geworden. Die verdammte endlos scheinende Pandemie hatte uns alle Wege versperrt. In der Pandemie glich die Zeit einem Gebäude mit verschlossenen Ein- und Ausgängen, als hätten die Viren alle Türen blockiert. Man konnte nur durch ein Fenster in die Öffentlichkeit hinein- oder aus ihr herausklettern, egal wie oft man geimpft oder genesen war. Alle öffentlichen Einrichtungen waren auf einmal nur noch innerhalb eines Zeitfensters zu besuchen. Früher war ich mit Mama jede Woche ins Schwimmbad gegangen, egal an welchem Tag und um welche Zeit. Auf einmal musste man sich für ein bestimmtes Zeitfenster entscheiden und durfte nur in diesem Fenster schwimmen. Wenn es sich schloss, wurde man wie ein Fisch von den Bademeistern aus dem Wasser geholt und nach Hause geschickt. Und im Bürgeramt suchte meine Mutter sogar vergeblich nach einem freien Zeitfenster, um eine Bestätigung vom Amt zu bekommen, dass sie noch lebte und ihren neuen Rentenbescheid erhalten konnte. Aber alle Fenster waren zu. Auch immer mehr Restaurants teilten ihre Arbeit in Zeitfenster ein. Man konnte einen Tisch nur noch für neunzig Minuten reservieren. Danach bekam man ungefragt die Rechnung und wurde höflich nach draußen eskortiert.

Einmal hatte ich mir ein Zeitfenster in der Sauna gebucht. So stellte ich mir den Karneval in einer Klapse vor. Alle waren nackt und trugen Masken, wobei die Nackten einander misstrauisch ansahen – konnte das Virus durch Schweiß übertragen werden? War der Nachbar schon geboostert? Hatte er seine Testergebnisse schon auf dem Smartphone?

Durch diese ganze Fensterkletterei war unsere Zeitrechnung durcheinandergeraten. Die Hauptfunktion der Zeit war eigentlich, die chronologische Reihenfolge von Ereignissen zu garantieren. Nur dank dieser Chronologie konnten wir die nahe Zukunft sicher voraussagen. Wir wussten, dass nach einem langen Winter immer der Frühling kam und nach einem Sonntag kein zweiter Sonntag, was angesichts der permanenten Beschleunigung der Zeit am Wochenende gar nicht verkehrt gewesen wäre –, sondern ein Montag. Diese Chronologie, die berechenbare Abfolge von Ereignissen, brachte eine gewisse Stabilität in unser

Leben, etwas Sicherheit im Umgang mit dem, was geschehen konnte. Bereits im Mittelalter hatte der Mensch gewusst, egal wie dunkel die Nacht war, es würde bald wieder hell werden. An dieser chronologischen Reihenfolge änderte auch die Tatsache nichts, dass die Menschen des Mittelalters ihre Zeitrechnung auf Basis einer völlig falschen Theorie aufgestellt hatten. Sie waren nämlich davon ausgegangen, dass die Sonne und die Sterne sich um die Erde drehten und nicht umgekehrt. Das System hat trotzdem, mit einigen wenigen Ausnahmen, gut funktioniert. Der Montag kam nach dem Sonntag und der Frühling nach dem Winter, nicht umgekehrt.

Und heute? Obwohl wir inzwischen genau wussten, dass sich die Erde um die Sonne drehte, war unser Umgang mit der Zeit unsicherer geworden. Seit Entdeckung der Relativitätstheorie wurde jede Chronologie infrage gestellt, und ich hatte das Gefühl, wir wären in einem Zeitfenster stecken geblieben. Es ging nicht vorwärts und nicht rückwärts. Wir wurden von den Zeitsprüngen eingeholt und mussten mitspringen wie die Frösche um den Teich. Nur wohin? Die Gegenwart war kein sicherer Hafen mehr, wir wurden von Ereignissen überschwemmt. Das Leben, das wir kannten und in dem wir zu Hause waren, lag unwiederbringlich in der Vergangenheit, und so träumten wir ständig von der Zukunft. Was wir später tun, wohin wir gerne fliegen würden, wenn die Pandemie vorbei war.

Der Virologe Christian Drosten sagte im Fernsehen, im nächsten Herbst wäre es so weit. Oder im übernächsten Frühling werde sich die Lage entspannen. Wohin fuhren wir dann? Wir planten für die Zukunft und schöpften aus der Geschichte, dabei blieb für die Gegenwart keine Zeit mehr. Sie verschwand, sie wurde zerdrückt zwischen zwei tektonischen Zeitplatten: zwischen dem, was gewesen war, und dem, was kam. Sie verwandelte sich in eine Schlange vor dem Späti, die sich überhaupt nicht bewegte. Der schlichte Lauf des Lebens, die Chronologie der Ereignisse war uns abhandengekommen. Wir waren einfach immer zu schnell oder zu langsam gewesen.

Auf die Zukunft war auch kein Verlass mehr. Es gab nichts Schlimmeres als einen Traum, der Realität wurde. Die Verwirklichung eines Traums verwandelt diesen sofort in eine lästige Angelegenheit. Sobald der Traum aus der Zukunft in die Gegenwart wandert, ist er nicht mehr als Zukunft wiederzuerkennen. Dr. Faust ist daran gescheitert, und Aschenputtel hat ebenfalls laut geweint, als ihre großartige Kutsche sich in einen Kürbis verwandelte. Man kann einen Traum nicht verwirklichen, man kann die Zukunft nicht in Gegenwart verwandeln. Man kann sich gut an der Vergangenheit das Herz wärmen, doch was geschehen ist, kommt nicht wieder.

Dabei hätten wir im Lockdown einen lässigen Umgang mit der Zeit lernen können. Die Zukunft konnte warten.

Wir selbst waren die Zukunft. Wir könnten, wenn wir wollten, unsere Zeit selbst produzieren, so viel, wie wir brauchten. Stattdessen schauten wir ständig auf die Uhr, um den Tagesablauf zu kontrollieren, um etwas zu messen, was es in Wahrheit gar nicht gab. Wir hatten uns die Zeit bloß ausgedacht, und so bekamen wir genau die, die wir verdienten. Sie war holprig und nervös, kam manchmal zum Stehen, und manchmal lief sie uns davon. Das Neue wurde schnell alt und das Alte wieder neu. Das Universum verlangte jedoch Pünktlichkeit und Beständigkeit von uns. Und vor dem Späti vor allem Geduld.

Natürlich war es eine kurzsichtige Entscheidung der Post, die vormalige Staatsaufgabe auf ungeeignete kleine Tante-Emma-Läden und ungeschultes Personal abzuwälzen. Unsere Tante Emma beziehungsweise unser Onkel Mohammad kam damit auf Dauer nicht zurecht. Merhaba! Merhaba! Endlich waren wir dran, und Mama konnte ihren Einkauf auf den langen Weg nach Hause schicken. Aber was waren schon 7000 Kilometer für einen müden Mantel, kein großer Umweg. Meine Mutter war verblüfft, als sie die Menge der Rücksendungen sah.

»Das alles geht jetzt nach China zurück?«, wunderte sie sich.

Das alles und viel mehr. Deutschland war Exportweltmeister, und der globale Handel funktionierte in beide Richtungen. So erfuhr ich beispielsweise, dass China von deutschem Milchpulver abhängig war, als ich in einer deutschen Zeitung die rassistische Überschrift las: »Chinesen bekommen in Drogeriemärkten kein Milchpulver mehr!« In China hatte einige Jahre zuvor ein Skandal die Babynahrungsindustrie erschüttert. Hunderttausende Kinder waren mit schlechtem Milchpulver vergiftet worden, einige sogar gestorben. Seither hielt sich hartnäckig das Gerücht, nur mit deutschem Milchpulver gefütterte Kinder könnten richtig groß und stark werden. Nun ist der chinesische Milchmarkt ein Fass ohne Boden. Selbst wenn man ganz Deutschland in Milchpulver verwandeln würde, würde es nicht ausreichen, um alle neugeborenen Chinesen groß und stark zu machen. Deswegen verhängten die Drogeriemärkte drastische Maßnahmen: Kunden aus China durften nicht mehr als drei Päckchen Milchpulver pro Person kaufen.

Die *Westdeutsche Zeitung* berichtete aus Düsseldorf: »Drei Päckchen Milchpulver wollte ein Chinese bei Rossmann kaufen. Doch die Verkäuferin weigerte sich, ihm die Ware auszuhändigen. Es gebe eine Anweisung der Geschäftsleitung, Milchpulver an Chinesen nur unter Auflagen zu verkaufen. Der 31-Jährige rastete völlig aus. Er nahm einen Warentrenner von der Theke, schlug damit auf den Kopf der 25-Jährigen ein.« Man konnte nur hoffen, dass der Warentrennstab auch aus China importiert war und sofort zerbrach, ohne der Verkäuferin großen Schaden zuzufügen.

## *Am letzten Tag des Jahres*

Die Zeit der Pandemie hatte gezeigt, auf den Tourismus war kein Verlass. Touristen waren eine zur Neige gehende Ressource, die sich außerdem ständig veränderte. Noch gestern waren es zahlungskräftige Gäste aus dem reichen Westen, heute schon mittellose Virenträger in Quarantäne. Kneipen, die Touristen angebetet hatten, waren schnell bankrott oder zumindest vorübergehend geschlossen. Auf Dauer konnten nur die überleben, die ihre Stammkundschaft hatten. Stammkneipen wurden in der Regel von ihren Gästen als zweites Wohnzimmer betrachtet. Selbst wenn sie scheu und ängstlich geworden waren und beschlossen hatten, während der Vireninvasion zu Hause zu bleiben, in ihre Stammkneipe gingen sie reinen Gewissens. Sie zählte zum eigenen Haushalt. Kneipen ohne Stammkundschaft hatten dagegen den Schwarzen Peter gezogen. Touristen waren rar geworden in Berlin, schließlich hatte man die halbe Welt zum Hochrisikogebiet erklärt. Nur eine Gruppe von Amerikanern, die auf ihrer Weltreise in der deutschen Hauptstadt stecken geblieben waren, schlenderte durch unseren Bezirk von einer Bar zur nächsten und hinterließ überall schlechte Bewertungen im Netz. Mal haben sie über die Franzosenbar geschimpft, sie wäre zu voll, mal über die Russenbar geschrieben, dort würden die Mitarbeiter kein Wort verstehen: »Als hätten die Russen keinen Englischunterricht in der Schule gehabt!«

In gewisser Weise hatten sie natürlich recht. Die Franzosenbar war voll, weil sich dort nach ihrer Schicht alle Franzosen trafen, die in der Berliner Gastronomie arbeiteten. Und die Russenbar war nachts ebenfalls überfüllt, weil die Betreiber gerade an einem neuen Mixgetränk arbeiteten, dem Cocktail »Stalingrad« – Wodka mit hausgemachtem Preiselbeerlikör und viel Eis. Sie suchten noch nach dem richtigen Mischverhältnis und waren daher nicht in der Lage, die QR-Codes der Gäste zu überprüfen. In der Russenbar verbreitete sich ein Geruch von Preiselbeeren, Fatalismus und Anarchie. Die Chefs benahmen sich, als wären sie Omikron in Person: Das Virus ist längst unter uns, und weil wir uns sowieso alle anstecken, dann doch lieber früher als später. Also Leute, lasst uns einander umarmen!

Auch mein Lieblingsfischrestaurant konnte über mangelnde Stammkundschaft nicht klagen. Immer wenn ich dort essen ging, waren alle Tische besetzt. Der Laden war berühmt für seine entspannten Mitarbeiter und seine Fish and Chips, das traditionelle englische Gericht, das hier selbstverständlich typisch englisch in Zeitungspapier eingewickelt serviert wurde. Allerdings gingen dort in den letzten Tagen des Jahres die englischen Zeitungen aus, oder sie waren nach dem Brexit schwer zu bekommen. Vielleicht waren die Mitarbeiter auch zu faul, welche zu besorgen, jedenfalls bekam ich meine Fish and Chips plötzlich in einer deutschen Zeitung überreicht. »Hoffen auf Totimpfstoff« lautete die unappetitliche Schlagzeile.

»Was soll das heißen, Ronald?«, fragte ich den Kellner. »Was kann das bedeuten? Warten jetzt alle auf einen Impfstoff, der totmacht?«

»Nein, mein Lieber, dat musst du locker sehen. Dat is nur ein neues Gemisch aus alten Viren. Wenn sie tot sind, beißen sie nicht mehr. Möchtest du einen kleinen Schnaps vor dem Essen? Hilft den Magen zu desinfizieren.«

Ronald war wie immer gut drauf, trinkfest und optimistisch.

Das zweite Pandemiejahr ging mittlerweile geräuschlos zu Ende wie ein feuchter Knallfrosch. Das leise Silvester verbrachten die meisten vor dem Fernsehen oder in einer Bar um die Ecke. Nur die Freiheit konnte uns das Glück bringen, aber für Freiheit brauchte man Mut. Also tranken wir ihn uns Nacht für Nacht mit ein paar Gläsern »Stalingrad« an, schweigsam ohne Tanz und ohne Feuerwerk. Auch Corona-Gespräche waren passé. Niemand wusste mehr, auf welcher Welle wir gerade ritten, war es noch die fünfte oder schon die sechste? Die Menschen zählten inzwischen auch eher Impfungen als Wellen. Der Gesundheitsminister teilte in der Zeitung seine guten Vorsätze fürs neue Jahr mit: Am liebsten würde er die gesamte Bevölkerung alle drei Monate impfen und sich zwischendurch zusätzlich mit der neuen milderen Omikron-Variante anstecken lassen. Erst dann würden wir die sogenannte hybride Immunität erreichen, die uns sicher schützte.

Ronald musste auf Anweisung seines Chefs bei jedem Gast, der das Fischrestaurant betrat, persönlich dessen Online-Reservierung prüfen, die QR-Codes ablesen, Ausweis und Luca-App kontrollieren und ihn dann zum Tisch begleiten. Erst danach durfte er den Besuchern die Speisekarte reichen und fragen, was sie trinken wollten. Um das Ganze etwas zu entspannen, bot Ronald jedem Gast gleich am Eingang als Entschädigung erst einmal einen Schnaps aufs Haus als Aperitif an. Dabei wurde er von jedem zweiten Besucher aufgefordert mitzutrinken – »auf das baldige Ende der Pandemie«. Dadurch gewann der Laden an Gastfreundlichkeit, bekam aber gleichzeitig bei Google eine schlechte Bewertung: »Schickes Ambiente, der Fisch war okay, aber das Personal total betrunken.«

»Diese blöden Amerikaner!«, schimpfte Ronald auf die vermeintlichen Verfasser der Beschwerde. »Sie petzen wie die Teufel!«

»Die Teufel petzen nicht, sie leisten Erziehungsarbeit!«, konterte ich. »Außerdem – woher willst du wissen, dass es ausgerechnet die Amerikaner waren? Das könnten auch Einheimische gewesen sein.«

Petzen galt schließlich in der Pandemie als legitime Gesundheitsmaßnahme. Doch Ronald meinte genau zu wissen, wer hinter der Bewertung steckte, die Amerikaner seien im Petzen nämlich besonders gut.

Seine Schicht war zu Ende, aber selbst nach vierzehn Stunden Dienst hatte er noch die Kraft, mit mir zum Trinken zu den Franzosen zu gehen und dann auf einen Absacker zu den Russen in die Omikron Bar. Auch Ronald hatte bemerkt, dass es auf einmal Bars gab, die jeden Abend komplett voll, und andere, die völlig leer waren. Wahrscheinlich saßen in den vollen die Nichtgeimpften, weil sie sich die Bars aussuchten, in denen sie nicht so genau kontrolliert wurden.

Der Direktor des Robert Koch-Instituts zeigte sich besorgt über die seiner Ansicht nach zu niedrigen Inzidenzen. Die neue Virusvariante sei möglicherweise mit herkömmlichen Tests gar nicht ausfindig zu machen, meinte er. In Wahrheit wurde das Omikron-Virus sowieso nur von jedem fünften Infizierten bemerkt. Seinen Worten konnte man entnehmen, dass wir alle das mistige Ding längst in uns trugen, wir wussten bloß nichts davon. Und kaum ging das Jahr zu Ende, tauchte schon eine neue Mutante aus Frankreich auf, die noch mehr Beinchen hatte. Sie hatte allerdings noch keinen Namen, denn anscheinend war der für Virusnamen zuständigen Behörde die Fantasie ausgegangen.

»Wäre es nicht cool, wenn wir allen Viren, die in uns mutieren und die wir quasi von einer Bar in die andere mitschleppen, klassische griechische Namen geben würden?«, fantasierte Ronald. »Nach dem Motto: Hallo, ich bin der Ronald, und das sind meine Mutanten: Linos, Georgius, Anastasius.« Er hatte früher einen Bauern gekannt, der seinen Kühen griechische Namen gegeben hatte. Vielleicht kannte der Direktor des RKI ihn auch? Immerhin war er Tierarzt gewesen, bevor er das Institut übernahm.

»Da sind sie!«, schrie Ronald auf einmal. »Die Amerikaner, die Petzen, die mir eine schlechte Kritik verpasst haben!«

Tatsächlich saß in einer Ecke der Russenbar, in der angeblich niemand Englisch sprach, eine englischsprachige Gruppe. Es waren zwei Pärchen, die allem Anschein nach schon ziemlich dicht waren und sich auf dem Smartphone irgendeinen Happy-New-Year-Film aus der Heimat in voller Lautstärke ansahen.

Ronald war auf Rache aus, ich war eher für Friedensgespräche. Die Amerikaner waren schließlich noch eine junge Kultur. Sie glaubten noch an den Weihnachtsmann und daran, dass jeder Bewohner der Erde Englisch können musste. Und sie drehten jedes Jahr einen neuen Happy-New-Year-Film mit einem Happy New End und »Santa«

im Titel. Würde man alle Santa Clause aus diesen Dezemberfilmproduktionen an einem Ort versammeln, könnte man eine neue mittelgroße amerikanische Stadt gründen, die ausschließlich von alten weißen Männern bevölkert war, die lange Bärte und rote Kapuzen trugen.

Ganz anders ist es bei den Deutschen. Sie sind eine alte Kultur. Sie wissen: Das Bessere ist der Feind des Guten. Deswegen schauen sie sich im Dezember immer dieselben Filme an. Zuerst die *Drei Nüsse für Aschenbrödel* und später zu Silvester *Dinner for One*. Das machen sie natürlich nicht aus Spaß, sondern aus Pflichtbewusstsein und Achtung vor der Tradition. Als würde sie der liebe Gott im Himmel als Erstes fragen: »Warum hast du während der *Drei-Nüsse*-Ausstrahlung 1996 mit der Fernbedienung gespielt und den halben Film verzappt? Hast du die Tradition verraten? Oder hattest du an dem Abend womöglich etwas Wichtigeres vor? Was könnte das bloß gewesen sein?«

»Was schauen sich eigentlich die Russen am Ende des Jahres im Fernsehen an?«, fragte mich Ronald. »Zum zwanzigsten Mal die Neujahrsansprache des immer gleichen Präsidenten? Oder produzieren sie wie die Amis immer neue Filme zum neuen Jahr?«

Nein, das taten sie natürlich nicht. Auch die Russen guckten seit 46 Jahren denselben Film. Außerdem wurde am Ende des Jahres im Fernsehen permanent gesungen und getanzt, als gäbe es kein Morgen. Das russische Fernsehen war in der dunkelsten Zeit des Jahres ein endloser Kindergeburtstag. Selbst meine Mutter, eine geduldige, tolerante Frau, hatte das russische Fernsehprogramm in diesem Jahr zum Kochen gebracht. Bereits Ende November hatten die Russen auf allen Kanälen angefangen zu singen und zu tanzen und konnten offenbar nicht mehr aufhören. Egal, um welche Zeit Mama den Fernseher anschaltete, die Russen feierten. Zwischendurch brachten sie die russische *Dinner-for-One*-Version mit dem umständlichen Titel: *Die Ironie des Schicksals, oder: Genießt das Bad.*

Mama mochte diesen Film eigentlich nicht, sie hatte ihn in der Vergangenheit auch schon gefühlte 46 Mal gesehen. Nur dieses Mal machte sie eine Ausnahme und schaute sich den Streifen zusammen mit Tante Inge noch einmal an. Ihrer besten Freundin war nämlich etwas Schlimmes passiert. Sie hatte sich während der Vorbereitung des Weihnachtsessens überanstrengt und war mit einem vorübergehenden Mikroinsult für ein paar Tage im Krankenhaus gelandet. Einen Tag vor Silvester kam sie nach Hause und stellte verblüfft fest, dass sie den Inhalt des Films komplett vergessen hatte. Sie wusste zwar noch immer genau, dass sie sich am letzten Tag des Jahres einen bestimmten Film ansehen musste. Und sie wusste auch noch, wie er hieß und wer darin mitspielte. Aber worum es ging, das war ihr vollkommen aus dem Gedächtnis gerutscht.

Sie kam also zu meiner Mutter nach Hause, zusammen wollten sie Champagner trinken und sich den Film anschauen. Manche Kunstwerke sind sehr zäh. Sie überleben nicht nur ihre Macher und Darsteller, sondern auch ganze Staaten, vielleicht sogar den Planeten, auf dem sie produziert wurden. Sie werden zum eigenständigen Teil des Universums, zu einem fluiden Kunstwerk. In Russland ist in den letzten vierzig Jahren so viel passiert, und doch war *Die Ironie* laut Umfragen nach wie vor der beliebteste russische Film aller Zeiten. Er war sogar einmal im nicht mehr existierenden Ausland, in der DDR, ein großer Erfolg gewesen.

Ich schaute kurz bei Mama vorbei, um den alten Damen Gesellschaft zu leisten, und sah mir den Film zur Hälfte an. Dabei fiel mir wieder auf, in was für einer Theaterkulisse wir aufgewachsen waren, wir Kinder der Sowjetunion. Nichts war bei uns echt gewesen, alle hatten geschauspielert. Alte erfahrene Darsteller hatten die Regierung gegeben, unsere Eltern hatten die Klassengesellschaft darstellen müssen, und die Jugendlichen waren Statisten gewesen, Kleindarsteller für Massenszenen ohne Text. Alles, was dieses Land repräsentierte, war nur Schein, nur eine Attrappe gewesen. Die großen feierlichen Türen an den Metrostationen waren reine Dekoration, sie öffneten sich nie. Die Raketen, die während der Militärparade über den Roten Platz gefahren wurden, waren aus Plastik. Und sogar die Zäune waren nicht befestigt. Wenn man sich anlehnte, fielen sie um.

Im Nachhinein habe ich das Gefühl, ich hätte meine Kindheit und Jugend an einem Drehort verbracht. Inzwischen waren die Dreharbeiten zwar schon seit vielen Jahren abgeschlossen, aber geblieben waren einige Filmproduktionen, die eine Art Film im Film bildeten. Szenen, die im Ausland spielten, wurden dabei stets im Inland gedreht. Das sumpfige England konnte man beispielsweise am besten in Weißrussland oder im Baltikum filmen. Zu Frankreich passten die Wälder Kareliens einfach perfekt, die russischen drei Musketiere ritten in einem Dorf bei Leningrad aus, und Kalifornien ließ sich wegen seiner Wüste gut in Turkmenistan filmen.

Der ungekrönte König dieser Produktionen war dieser beliebteste Film aller Zeiten, die Verwechslungskomödie *Die Ironie des Schicksals, oder: Genießt das Bad* aus dem Jahr 1975. Auch dieser Film war der reine Betrug. Es geht darin um einen Moskauer, der in einer Silvesternacht seinen Junggesellenabschied mit Freunden in einer Sauna feiert, sich stark betrinkt und aus Versehen anstelle seines Freundes in ein Flugzeug nach Leningrad steigt. Im Halbschlaf nimmt er sich am fremden Flughafen ein Taxi und nennt dem Taxifahrer seine Adresse, die es prompt auch in Leningrad gibt. Der Film sollte nebenbei als niedliche Sozialkritik, als Protest gegen die immer gleichen Neubauten im Land gesehen werden. Es wurden nämlich nicht nur überall die gleichen Häuser gebaut, manchmal trugen die Straßen sogar dieselben Namen, und angeblich konnten auch alle sozialistischen Schlösser mit demselben Schlüssel geöffnet werden.

So landet der Filmheld in einer fremden Wohnung, lernt in einem fremden Bett eine andere Frau kennen und lässt seine Freundin in Moskau im Schnee stehen. Diese neue Frau, eine blauäugige Blondine mit einer glänzenden, unheimlich schönen Pelzmütze auf dem Kopf, die sie so gut wie nie absetzt, und einer bezaubernden romantischen Stimme, mit der sie zur Gitarre singt, ist das eigentliche Highlight des Films. Sie raubte sämtlichen Russen den Verstand. Drei Fragen stellten sich den Zuschauern:

Wo kam eine solche russische Schönheit her? Wo hatte sie so toll singen gelernt? Und wo bekam man solche Pelzmützen? Als Erstes stellte sich heraus: Die Frau war Polin. Barbara Brylska hatte früher in DDR-Indianerfilmen an der Seite von Gojko Mitić oft die weibliche Hauptrolle gespielt. Als Nächstes sickerte durch, dass sie gar nicht singen konnte. Die berühmte russische Popsängerin Alla Pugatschowa hatte ihr ihre Stimme geliehen. Zuletzt erfuhr man auch noch die Wahrheit über die Pelzmütze. Es war eine im sowjetischen Zirkus dressierte weiße Maine-Coone-Katze, die sich Barbara Brylska sehr gekonnt um den Kopf gewickelt hatte.

Jetzt, wo ich das alles wusste und den Film mit aufmerksamen Augen sah, fiel mir natürlich auf, dass in mehreren Szenen mal der Katzenschwanz, mal eine Pfote vor Barbara Brylskas Gesicht hing. Doch damals haben wir diese Tatsachen ausgeblendet. Wir wollten uns die schöne Liebesromanze nicht kaputt machen.

Sechsundvierzig Jahren waren seitdem vergangen. Die polnische Schauspielerin hatte Russland längst verlassen, sie wohnte mittlerweile in ihrer Heimat und drehte keine russischen Filme mehr. Die Sängerin, die ihr ihre Stimme geliehen hatte, sang dagegen unverdrossen weiter. Sie hatte inzwischen viele Male geheiratet und mit siebzig Jahren Zwillinge bekommen, so stand es zumindest in der russischen Boulevardpresse. Die Maine-Coon-Katze war leider gleich nach Ende der Dreharbeiten an Überanstrengung gestorben. Man hatte sie ausgestopft und im Museum für sowjetische Filmgeschichte ausgestellt. Dort wurde ihr regelmäßig Mottenpapier zwischen die Pfoten gelegt, weil die Putzfrau des Museums sie noch immer für die Pelzmütze von Barbara Brylska hielt. Der Betrug war für uns schon immer verlockender als die Wahrheit. So basteln wir Menschen uns die Welt zurecht, wir passen sie unseren Bedürfnissen an. Schließlich wollen auch wir alle geliebt, geschätzt und gehört werden.

»Genau!«, nickte Ronald. »Wir wollen nicht, dass die blöden Amerikaner uns schlechte Bewertungen schreiben. Aber schau! Sie tun es schon wieder!«

## Das Jahr des Tigers
### im Zeichen des Frosches

Der dauerhafte Schneefall verwandelte unseren Hof in eine winterliche Spielwiese. Die Kinder aus der Nachbarschaft bastelten aus vorhandenem Material eine »Schneeperson«, wie sie sagten. Keinen Schneemann und keine Schneefrau, sondern eine »Schneeperson« in gendergerechter Sprache, so bekamen sie es neuerdings im Kindergarten beigebracht. Die Schneeperson war ein wenig schräg geraten, sie schien starke Rückenschmerzen zu haben – wie wir alle in diesem zweiten Corona-Winter. Wir hatten zu wenig Bewegung, zu viel Homeoffice, und endlose Stunden vor dem Bildschirm verbracht. Das Gewicht der Welt lastete auf uns, da brauchte man sich nicht zu wundern, dass man sich wie eine krumme Schneeperson fühlte.

»Können wir nicht mit dem Auto zum Einkaufen fahren?«, fragte mich Mama. Wir wollten zum Biomarkt. Die Forderung der Enkel an die Oma, sie solle ihren Konsum bitte umweltfreundlicher gestalten, hatte Früchte getragen. Auf einmal wollte Mama im Alnatura einkaufen gehen und bat mich, sie dorthin zu kutschieren.

»Wenn schon umweltfreundlich, dann gehen wir zu Fuß«, konterte ich. »Wir fahren nicht mit dem Auto, nicht mit der Kutsche und nicht mit dem Elektrotaxi. Wir laufen, wie aufgeklärte klimaneutrale Menschen es tun.«

Der Laden war gar nicht weit von unserem Haus entfernt, nur die ganze Gleimstraße entlang und dann links im Erdgeschoss der großen Shoppingmall gleich um die Ecke. Vor zwanzig Jahren hatte man in diesen Räumen Lottoscheine und Schreckschusspistolen, Handschellen und Dartspielscheiben verkauft, später Videospiele und jetzt Joghurts. So rasch ändern sich die Präferenzen in der Konsumgesellschaft.

»Nimm deine Nordic-Walking-Stöcke, wir gehen zu Fuß.« Ich wollte meine Mutter zu etwas mehr Bewegung motivieren, aber sie wehrte sich.

»Du hast gut reden«, meinte sie. »Du kannst dir gar nicht vorstellen, wie anstrengend das Laufen ist, wenn man neunzig ist. Du hast einfach keine Empathie.«

Das Wort hatte sie erst in der Pandemie gelernt, weil es ständig in den Nachrichten kam: Die Vireninvasion würde sehr bald von der pandemischen in ihre empathisch-endemische Phase übergehen, in der Menschen und Viren eine friedliche, lebensbejahende Symbiose eingehen würden und niemand mehr sterben müsste. Die Pandemie hatte uns Empathie beigebracht und uns gelehrt, mehr an andere zu denken. Wäre es nur um die eigene Gesundheit gegangen, hätten wir keine Skrupel gehabt, sie kaputt zu trinken und zu rauchen. Wir hatten keine Angst vor Alkohol, und auch die 4000 schädlichen Substanzen, die wir mit jeder Zigarette inhalierten, waren uns jederzeit willkommen. Aber die anderen, die mussten geschützt werden. Ständig glühte die Corona-App dunkelrot und verzeichnete ein erhöhtes Risiko nach beinahe jeder Begegnung. Und obwohl ich das Tausendfache an Antikörpern und schon zwei Mal Corona gehabt hatte, ließ ich mir trotzdem von meiner Hausärztin eine halbe Portion Booster-Impfstoff in die linke Schulter knallen aus Nächstenliebe, um die anderen zu schützen.

Es gäbe eine Empfehlung des WHO und RKI für Moderna und Pfizer, eine halbe Dosis sollte zum Boostern vollkommen ausreichen, hatte mir die Ärztin erzählt. »Sie haben den Schwellenwert für das Erreichen der Immunität sicher längst überschritten. Aber gut, dass Sie trotzdem gekommen sind, den anderen zuliebe«, meinte sie.

Ich nickte höflich. Ehrlich gesagt hatte ich nicht aus reiner Empathie gehandelt, sondern aus Liebe zur Kunst. Vielleicht gehe ich ja zur Berlinale, dachte ich, ins Museum oder habe mal wieder eine Lesung.

Genau gegenüber der Arztpraxis hatte ein neues chinesisches Restaurant auf unserer Straße aufgemacht. Es war sehr authentisch und bot unter anderem »Salzige Schweinefüße im Steintopf« an – die meine Tochter sofort in

»Schweißfüße« umbenannte – und »Aubergine mit Fisch-geschmack«. Das machte neugierig. Angeblich kochte in diesem Restaurant ein Sternekoch aus Nanking, da wollte ich auch mal hin, Schweißfüße kosten. Ich hatte keine Lust mehr, zu Hause zu kochen, keine Lust auf Bratkartoffeln und Mamas Sülze. In meinem ganzen Leben hatte ich noch nie so viel Bratkartoffeln und Sülze gegessen wie in zwei Jahren Pandemie.

Ob sie schon beim Chinesen gegenüber essen gewesen wäre?, fragte ich meine Ärztin, während sie die Spritze ansetzte. Nein, sie koche hauptsächlich zu Hause, aus Nächstenliebe, damit sie im Restaurant niemanden ansteckte. Dafür musste sie allerdings oft einkaufen gehen. Sie erzählte, sie wäre vor Kurzem in der Shoppingmall gewesen und habe dort im Alnatura in der Gemüseabteilung eine ihrer Patientinnen gesehen, die eigentlich in Quarantäne sein sollte. Sie war drei Tage zuvor in der Praxis positiv getestet worden und hätte daraufhin eine Woche zu Hause sitzen müssen. Stattdessen lief sie fröhlich zwischen den Tomaten herum. Verpetzen oder nicht verpetzen?, hatte die Ärztin überlegt. Eigentlich war es Aufgabe des Gesundheitsamtes, über die positiv Getesteten zu wachen. Der Hippokratische Eid sagte nichts zu diesem Thema, genauso wenig wie das Genfer Gelöbnis. Außerdem wurden weder Eid noch Gelöbnis in Deutschland verpflichtend geleistet. Die Gesundheitsämter waren gerade wegen der Omikron-Welle überfordert und kamen bei den Quarantäneverweigerern nicht hinterher.

Aus Solidarität mit den Ämtern und aus Menschenliebe beschloss die Ärztin, sich einzumischen. Und zwar möglichst unauffällig, ethisch vertretbar, diskret und ohne sensible private Daten ihrer Patientin preiszugeben. Sie ging zum Infopoint und bat die Mitarbeiterin dort, per Lautsprecher durchzusagen, diejenige Person, die hier gerade gegen die Quarantäneauflagen verstoße, solle sich bitte unverzüglich beim Infopoint melden, sonst müsse der gesamte Einkaufsmarkt auf Kosten dieser Person evakuiert werden. Zwei Minuten später standen 25 Menschen vor dem Infopoint und musterten einander misstrauisch. Und ihre Patientin war gar nicht dabei. Die Ärztin hatte nur den Kopf geschüttelt und sich vom Acker gemacht.

Laut dem chinesischen Kalender, der bei Mama in der Küche hing, war das Jahr des Metall-Büffels erst seit einigen Tagen vorbei, das Jahr des Tigers begann, und schon bröckelte die berühmte deutsche Ordnung. Die Regierung wollte sich nicht eingestehen, dass kein System, keine Bürokratie und kein Staat das Chaos verhindern konnten, das eine derart ansteckende Mutation anrichtete. Auch für die Bürgerinnen und Bürger war diese Situation neu. Sie erwarteten klare Anweisungen. Wie Wladimir Lenin einmal gesagt hatte: »Wenn die *Deutschen* einen Bahnhof stürmen wollen, kaufen sie sich zuerst eine *Bahnsteigkarte*.« Dabei wollten die Deutschen gar keinen Bahnhof stürmen, sie wollten bloß mit dem Zug weiterfahren. Aber das ging nicht.

Unter der Last der neuen Gesetze und Verordnungen, die sich beinahe täglich änderten, wechselten immer mehr Menschen von der unsicheren Seite der Ordnung zur Anarchie, vom Büffel zum Tiger. Obwohl auch der Büffel nicht ganz ohne war. Das Horoskop des Metall-Büffels sprach von Fleiß und Strebsamkeit, die belohnt werden sollten, und es empfahl problemlösende Aktivitäten an der frischen Luft. Die Menschen waren im letzten Pandemie-Jahr tatsächlich erstaunlich viel spazieren gegangen. In Washington hatten Spaziergänger das Weiße Haus gestürmt, in russischen, belarussischen und kasachischen Städten, wo den Menschen das Versammlungsrecht entzogen worden war, hatten die Bürger ihre Demonstrationszüge kurzerhand in Spaziergänge umbenannt.

Auch in Deutschland hatten die Einheimischen viel Zeit an der frischen Luft verbracht. Die Impfgegner und die Gegner der Impfgegner waren permanent spazieren gegangen, zwischen ihnen auch Gruppen von Versöhnlern. Die Cousine meines schwäbischen Nachbarn gehörte zu diesen Friedensstiftern. In Stuttgart hatten sie weiße und rote Kerzen angezündet und nebeneinander auf dem Marktplatz aufgestellt. Die roten sollten die Geimpften, die weißen die Ungeimpften symbolisieren, und alle sollten friedlich zusammen herunterbrennen. Die Polizei löschte die Kerzen jedoch vorbeugend aus und beendete den Spaziergang mit Gewalt.

Das neue Jahr des Tigers, unterstützt vom Hauptelement Wasser, stand für Abenteuerlust und Risikofreude, für Mut zur Veränderung. »Der Tiger macht keine Kompromisse« – so sahen die chinesischen Genossen das neue Jahr. Ich mochte diesen Tiger jetzt schon, ohne wirklich zu wissen wofür. Aber immerhin war der Tiger das einzige gestreifte Tier im chinesischen Kalender, und seine schwarz-goldenen Streifen deuteten einen Paradigmenwechsel an. Und er lief nie im Rudel, er war Einzelgänger. Der Unterschied zwischen Löwe und Tiger bestand darin, dass der Löwe als König der Tiere einen festen Platz in der tierischen Hierarchie beanspruchte. Zusammen mit dem stärksten Tier, dem Elefanten, und dem klügsten Tier, der Ratte, bildete er eine Art tierische Koalitionsregierung. Der Tiger war bei dieser Regierung nicht dabei, er war Anarchist und reduzierte seine sozialen Kontakte, sobald er satt war, am liebsten auf ein Minimum.

Das Jahr des Tigers machte daher Hoffnung auf ein bisschen mehr Eigensinn, mehr Freiheit, mehr Souveränität und Unabhängigkeit von den ökonomischen Zwängen. Der Tiger könnte das richten. Aber warum im Zeichen des Wassers? Was hatte Wasser damit zu tun? Flutwellen in Amerika und Asien erschütterten die Welt. Gleich nach dem Vulkanausbruch in Tonga taute der zugefrorene Teich in meinem Brandenburger Garten auf, es hatte nämlich über Nacht einen Temperaturanstieg von kalt zu warm von fast zwanzig Grad gegeben. Mit dem Teich zusammen war auch der Frosch aufgetaut, der sicher ganz andere Pläne für die Zukunft hatte.

Frösche können sich problemlos einfrieren lassen. Sie haben ein Frostschutzmittel in ihrem Körper, das ihre Organe schützt, und einen eingebauten Minidefibrillator, der sie mit einem elektrischen Impuls wieder zum Leben erweckt. Aber normalerweise nicht im Januar. In den runden Augen des Frosches konnte man eine gewisse Ratlosigkeit lesen. Drei Fragen waren in seinem Blick deutlich zu erkennen. Wo sind die Fliegen? Was ist hier schiefgelaufen? Und warum küsst mich keiner?

Tja, mein lieber Frosch, du hast alles verschlafen. Wir durften uns gar nicht mehr küssen, denn die neuen Virusmutanten lösten zwar mildere Symptome aus, waren aber immer noch gefährlich. Angeblich wollten sie den Wirt nicht gleich bettreif machen oder gar töten, im Gegenteil, sie wollten ihn in Bewegung halten. Er sollte laufen und niesen, niesen und laufen, denn auf diese Weise konnten sich die Mutanten ungehindert weitervermehren.

Aber je lauter die Menschen niesten, desto schneller schmolz das Eis an den Polen. Es schmolz von unten, da die Wassertemperatur in den Ozeanen kontinuierlich stieg. Die Gletscher in der Antarktis bekamen immer mehr Risse. Die Experten verglichen diesen Prozess mit einem Steinschlag gegen die Windschutzscheibe: Man konnte zwar weiterfahren, aber man konnte nicht sicher vorhersagen, wann das Glas komplett zerbrechen würde. Am Südpol waren die Temperaturen enorm gestiegen, am Nordpol konnte man bald im T-Shirt herumlaufen. Es war nicht auszuschließen, dass schon morgen eine Oma am Nordpol heftig nieste und daraufhin eine Eismasse von der Größe Sachsens am Südpol in den Ozean plumpsen würde, was wiederum eine Riesenwelle auslösen würde, die die Schneeperson auf dem Hof zum Umkippen bringen und das Jahr des Tigers vorzeitig ins Wasser fallen lassen würde. Begann dann eine neue Zeitrechnung?

Und das, obwohl die Zeit genau genommen ja gar nicht existierte. Und dennoch waren wir ihr unterworfen, ganz real. Wir waren etwas unterworfen, das es gar nicht gab. Sollten Teile der Welt demnächst unter Wasser stehen, stünden die Frösche zumindest fürs Erste auf der Seite der Gewinner. Vielleicht wäre mein Frosch dann der nächste König der Niederlande. Immerhin sah er dem aktuell vorhandenen König mit seinen runden Augen erstaunlich ähnlich. Der holländische Prinz Willem-Alexander, der den Thron schon vor vielen Jahren von seiner Mutter übernommen hatte, machte gerade Schlagzeilen, ebenfalls als Spaziergänger. Er verzichtete nämlich in aller Öffentlichkeit auf seine goldene Kutsche aus dem 19. Jahrhundert und beschloss, ab sofort nur noch zu Fuß zum Parlament zu gehen. Mit der Begründung, die historischen Zeichnungen auf den Seitenwänden der Kutsche wären aus heutiger Sicht inakzeptabel und würden von großen Teilen der niederländischen Bevölkerung als rassistisch und sexistisch wahrgenommen.

Kein Wunder, die Niederländer hatten bereits im 17. Jahrhundert große Teile von Indonesien, Südafrika und Südamerika kolonialisiert und ihre Heldentaten in unzähligen Bildern verewigt, unter anderem an den Seiten der königlichen Kutsche. Dort waren People of Color abgebildet, Bürgerinnen und Bürger mit Migrationshintergrund, die in der Yogahaltung Balasana, oder auf gut Deutsch kniend, einer blauäugigen Blondine Geschenke darreichten. Die Blondine hieß Niederlande und hatte einen Freund dabei, einen Begleiter, der den People of Color als Gegengabe ein dickes Buch überreichte. Das Buch symbolisierte die Aufklärung, die die Menschen im Tausch gegen Kakaoschoten und Elfenbein glücklich machen sollte.

Aus heutiger Sicht waren das unanständige Zeichnungen, Geschichtspornos. Was sollte die Blondine mit den Kakaoschoten machen? Und hatte sie das dicke Buch eigentlich selbst gelesen? Bereits im Jahr zuvor hatte die Bürgermeisterin von Amsterdam sich offiziell für die koloniale Vergangenheit und den Menschenhandel entschuldigt und gemeint, so etwas dürfe nicht wieder vorkommen. Auch der Premierminister bat alle Indonesier um Entschuldigung. Die späte Aufarbeitung der kolonialen Vergangenheit war zum Trend des Jahrhunderts geworden. Auch in deutschen Museen und Ausstellungsräumen wurden die Exponate auf ihre Herkunft untersucht. Möglicherweise sollen sie zurück nach Ägypten, Afrika und Asien gebracht werden. Eine historische Kommission tagte in Berlin, immer mehr berühmte Persönlichkeiten, nach deren Namen die Straßen, Plätze und Schulen benannt worden waren, erwiesen sich als Rassisten, Sexisten, Kolonialisten, Antisemiten. Hunderte Straßennamen waren in Verruf geraten, vom Cecilienplatz bis hin zu meiner Gleimstraße. Johann Wilhelm Gleim war nämlich nicht nur ein kumpelhafter Fabeldichter, sondern ein sexistischer Kriegstreiber gewesen. Wer hätte das gedacht.

Den ganzen langen Weg auf der Gleimstraße beschwerte sich Mama über die Abwesenheit einer Kutsche und die Schwierigkeit des Seins. Wir gingen an der Arztpraxis vorbei, am neuen chinesischen Restaurant und dem alten denkmalgeschützten Kino, das die Pandemie nicht überlebt und für immer dichtgemacht hatte. Im Alnatura boomte das Leben, doch Mama fühlte sich überfordert. Es war alles neu für sie, eine andere Welt.

»Wer hätte gedacht, dass es auf unserem Planeten so viele Namen für Bohnen gibt?«, wunderte sie sich. Man sollte unsere Straßen nach Bohnen und nicht nach berühmten Persönlichkeiten benennen, dann wären wir für immer auf der sicheren Seite. Mama hatte viele Fragen. Was ist das, und was ist dies? Das Bananenschalenbrot im Sonderangebot und veganes Rühreipulver mit Kala Namak haben sie verwirrt. Vor allem aber das rosafarbene Himalaja-Salz. Auf der Packung stand, seit vielen tausend Jahren hätte dieses seltsame Salz nach der Verdunstung des Urmeers unberührt zwischen den Bergen des Himalaja gelegen. Bei Alnatura hatte es jedoch plötzlich ein Verfallsdatum, es lag im April des nächsten Jahres. Was war passiert? Wir wussten es nicht. Mutig kauften wir neue unbekannte Produkte ein. Der Tiger forderte von uns Risikofreude und Abenteuerlust.

»Das ist ja alles schön und gut, aber was tun wir, wenn es nicht schmeckt?«, fragte meine Mutter auf dem Heimweg.

»Wir müssen bloß noch bis Ende dieses Jahres aushalten. Das nächste wird dann das Jahr des Hasen sein, dann gehen wir wieder zu Aldi«, beruhigte ich sie.

## Der Krieg am Mittwoch

Wenn man richtig alt ist, kann man endlich damit aufhören, ständig Erwachsener spielen zu müssen. Man muss
niemandem mehr etwas beweisen und kann außerdem
morgens so lange im Bett liegen bleiben, bis der Müll-
mann auf dem Hof mit großem Knall die Tonnen leert.
Dann kurz aufstehen, Fenster schließen und einfach wei-
terschlafen. Zumindest bis irgendwann die hungrige Katze
versucht, einen vierfachen Axel vom Schrank aufs Bett zu
springen, als wäre sie eine minderjährige russische Eiskunstläuferin. Weil sie aber keine ist, schafft sie es auch
nicht und knallt Mama auf die Brust, als wollte sie sich
laut beschweren: Wird heute überhaupt noch gefüttert,
oder hungern wir uns zu Tode?

Der vierfache Axel ist das klare Signal der Katze, dass
das Leben weitergeht, es ist eine Aufforderung zum Wach-
werden. Die Katze will nicht verstehen, dass man auch
im Liegen eine durchaus befriedigende Existenz führen
kann. Oder wie die Chinesen sagen: »Es ist nicht alles tot,
was ewig liegt.« Das harte Leben beginnt erst mit dem

Aufstehen, was womöglich an der Schwerkraft, dem Luftwiderstand und ähnlichen Phänomenen liegt.

Im Februar waren besonders viele dunkle Flecken auf der Sonne zu sehen gewesen, und Dutzende Starlink-Satelliten von Elon Musk waren durch einen magnetischen Sonnensturm aus dem Orbit gerissen worden, abgestürzt und in der Atmosphäre verglüht. Elon versuchte, die Weltöffentlichkeit zu beruhigen, um seine Aktien nicht ebenfalls abstürzen zu lassen. Der Absturz sei geplant gewesen, meinte er. Angeblich hatte er die kleinen Satelliten bewusst auf eine tiefere Umlaufbahn geschickt, um den Weltraum nicht zu vermüllen. Ökoaktivisten hatten nämlich schon vor einiger Zeit Alarm geschlagen: Es werde immer mehr Müll in den Weltraum geschickt, bald würden wir die Sterne nicht mehr sehen. Der Sonnensturm hatte den Luftwiderstand in der Atmosphäre nahezu verdoppelt, sodass die gerade gestarteten Satelliten das Gravitationsfeld der Erde nicht verlassen konnten. Mamas Katze Maja konnte aus demselben Grund den vierfachen Axel nicht sauber springen, und Mama hatte Schwierigkeiten, aus dem Bett zu kommen.

Die verfluchte Schwerkraft wurde mit dem Alter zunehmend zu einem Problem. Mama machte die Sonneneruption dafür verantwortlich.

»Noch vor einer Woche fiel es mir eindeutig leichter, aus dem Bett zu kommen. Jetzt dauert es ewig«, beschwerte sie sich. Es gäbe doch eigentlich nichts Banaleres als Aufstehen und Losgehen.

»Kommt drauf an«, widersprach ich. »Wenn man wie Jesus übers Wasser geht, dann ist das schon etwas Besonderes. Alles liegt in Gottes Hand!« Ich wusste genau, wie schnell man meine Mutter mit theologischen Themen wach bekam.

»Hör mir bitte auf mit deinem Jesus!« Mama hatte durch ihre atheistische Erziehung eine Abneigung gegen das Christentum entwickelt wie auch gegenüber jeder anderen Religion. Ich dagegen führte viele Gespräche mit Gläubigen und noch mehr Gespräche mit Nichtgläubigen und hatte für mich als Wahrheit ausgemacht, dass es wahrscheinlich zwei Götter gab: den richtigen und den falschen, die einander in allem ähnelten. Sie unterschieden sich aber in einem Punkt: den falschen gab es nicht, an den glaubten nur die anderen.

Nach dem Frühstück schaute sich Mama im Internet die Nachrichten an und musste sofort ihren Blutdruck messen. Die Welt versank nämlich gerade in Panik, sie kollabierte beinahe am Rande eines neuen Krieges.

Als hätten die Sonnenstürme sich auch auf die Weltpolitik ausgewirkt, schienen alle vollkommen aus dem Häuschen zu sein, ob frisch gewählte demokratische Regierungen oder alteingesessene Autokraten. Die NATO wollte sich trotz des einstigen Zwei-plus-Vier-Vertrags weiter Richtung Osten ausdehnen, China erhob Anspruch auf

Taiwan, Russland zog an der ukrainischen Grenze eine riesige Armee zusammen, russische U-Boote machten einen Ausflug nach Hawaii, amerikanische U-Boote dümpelten in der Nähe der Kurilen, und Präsidenten und Minister flogen über der Erdkugel hin und her wie Motten bei Vollmond. Tagein, tagaus klapperten sie Kiew, Washington und Moskau ab, ihre Sitzungen hatten inzwischen die Länge einer Wagneroper, ohne dass jemand wusste, was genau sie so lange besprachen. Die Völker aller Länder fühlten sich wie Kaninchen im Stall, zum baldigen Schlachten verurteilt, ob nun zu Fasching oder zu Ostern. Keiner wusste, wann die Befehlshaber endgültig durchdrehen würden oder wie die Menschen in den Machtetagen tickten. Besonders wenn sie zu lange am Hebel gesessen und den Bezug zur Realität möglicherweise längst verloren hatten. Vielleicht glaubten sie wirklich, der Krieg sei nicht nur Leid, Zerstörung und Tod, sondern die Fortsetzung der Politik mit anderen Mitteln. Es war auch nicht auszuschließen, dass irgendeine Armee ohne Befehl losmarschierte oder eine Rakete von allein in die falsche Richtung flog.

Mamas Enkelkind Sebastian fuhr nach Halle, um einen Freund zu besuchen, fotografierte dort am Bahnhof stehende amerikanische Panzer, die nach Polen verlegt wurden, und schickte Oma die Fotos zur Beruhigung. Der amerikanische Präsident veröffentlichte die Berichte seiner Geheimdienste. Laut diesen Berichten hatte Putin den

Angriff auf die Ukraine für den Mittwoch der folgenden Woche geplant. Mama telefonierte mit der Verwandtschaft in Moskau, um diese Nachricht zu prüfen.

Ihre Schwester wusste von nichts und meinte, Mama solle sie mit ihrer Kriegsangst in Ruhe lassen.

»Wir haben auch ohne Krieg genug Probleme und deshalb schon seit halbem Jahr kein Fernsehen mehr geguckt. Das möchte ich dir auch dringend raten«, meinte ihre Schwester.

Der russische Nachrichtensender erzählte, die NATO und die EU täten alles, um Russland zu provozieren, doch die russische Armee bliebe gelassen und greife nur an, wenn sie sich dazu gezwungen fühle.

Der amerikanische Präsident forderte seine Landsleute währenddessen auf, die Ukraine rechtzeitig vor dem fraglichen Mittwoch zu verlassen. Er bestand darauf, die geheimen Pläne der Russen mit eigenen Augen gesehen zu haben.

»Wir wissen noch nicht genau, von welcher Seite sie angreifen werden, aber der Krieg am Mittwoch steht fest. Daran ist nicht zu rütteln«, behauptete der Präsident.

»So ein Mist«, sagte Mama, »wir haben für Mittwoch Karten für ein Konzert mit Anne-Sophie Mutter in der Philharmonie.« Die beste Geigerin Deutschlands spielte Mozart. Mama hatte das Konzert schon einmal verpasst, ein andermal war es verschoben worden. Beim ersten Mal waren sie und ihre beste Freundin Tante Inge zu spät an der Abendkasse gewesen und hatten keine Karten mehr bekommen. Beim zweiten Mal hatten sie die Karten online bestellt, aber die Geigerin war positiv getestet worden, also musste das Konzert auf den Mittwoch verschoben werden. Und nun Krieg.

»Wir haben einfach Pech mit Mozart«, regte sich Mama auf. Auch nach einer Tasse Kaffee konnte sie sich nicht beruhigen.

Letztes Mal hatten Mama und Tante Inge sich schick gemacht und waren mit dem Taxi durch das dunkle, von Omikron leer geräumte Berlin zur Philharmonie gefahren, Herbert-von-Karajan-Str. 1, voll freudiger Erwartung. »Mozart einmal ganz anders« war im Programm angekündigt.

»Und? Was denken Sie, wird es einen Krieg geben?«, fragte sie der Taxifahrer, ein Bulgare, etwas unerwartet. »Meinen die Russen es ernst mit der NATO?«

In der Regel wissen Taxifahrer am besten Bescheid über die Weltpolitik, sie sind besser informiert als jeder Präsident. Doch dieser besondere Taxifahrer wollte zu der Frage, ob es einen Krieg geben werde, anscheinend eine zweite Expertenmeinung einholen.

»Nein, wird es nicht«, sagte Mama. »Es gibt auf diesem Planeten nichts Gescheites mehr zu gewinnen, nichts, wofür es sich zu sterben lohnt. Deswegen werden wir wahrscheinlich ewig leben.«

Tante Inge nickte zufrieden. Sie hatte ähnliche politische Ansichten.

In der Philharmonie brannte kein Licht. Niemand stand vor der Abendkasse. Das Konzert war abgesagt worden. Nichts Ungewöhnliches in Zeiten der Pandemie. Ungewöhnlich war bloß, dass alle anderen Mozart-Liebhaberinnen anscheinend darüber Bescheid wussten und nur zwei 90-Jährige, meine Mutter und ihre Freundin, um das Gebäude herumliefen und an alle Türen klopften. Die Philharmonie hatte zwar eine Rundmail an alle Karteninhaber geschickt, das Konzert werde auf Mittwoch verschoben, aber das hatten die beiden nicht mitbekommen.

»Warum hast du nicht in deinen Maileingang geguckt?«, fragte Mama ihre Freundin.

»Und du? Wann hast du das letzte Mal deine E-Mails gelesen?«, konterte Tante Inge. Mit dem Alter erlosch langsam die Notwendigkeit, ständig in seine E-Mails zu schauen. Man bekam ohnehin nur Spam, Nachrichten von der *Apotheken Umschau* und von Brillenexperten. Irgendwelche Buchungsplattformen schickten einem Angebote für Reisen, die man vor vielen Jahren gemacht hatte und die jetzt zehn Prozent billiger geworden seien. Auf Bekleidung spezialisierte Algorithmen verschickten Gutscheine für Schuhe »für anspruchsvolle Füße«, die man einmal vor einer Ewigkeit angeklickt hatte. Die künstliche Intelligenz behielt nämlich im Gegensatz zu ihrer natürlichen Halbschwester ihr gutes Gedächtnis bis ins hohe Alter, wurde aber mit der Zeit nicht lockerer.

»Auch nach deinem Tod werden solche Sonderangebote für Schuhe und Reisen noch regelmäßig in deinem Postfach landen«, schimpfte Tante Inge auf dem Rückweg.

»Aber Sie wollten doch ewig leben?« Der bulgarische Taxifahrer hatte vor der Philharmonie auf die beiden Frauen gewartet und fuhr sie nun nach Hause zurück, voller Dankbarkeit für die guten Nachrichten. Als läge es an den beiden zu entscheiden, ob und wann es einen Krieg geben würde.

»Bis zum Ende der Winterolympiade darf es sowieso keinen Krieg geben«, bestätigte Mama. »Solange die Russen auf dem Eis tanzen, schweigen die Kanonen.«

Meine Mutter gehört zu den Menschen, die Wintersportdisziplinen fast so sehr schätzen wie Mozart. Sie hat als Einzige in meinem Umfeld mit großem Interesse die Wettbewerbe der Eiskunstläuferinnen verfolgt. Sonneneruptionen und die Weltpolitik schienen auf diese überhaupt keine Wirkung zu haben, außer dass sie mit jeder Olympiade jünger wurden. Dieses Jahr waren es fast noch Kinder. Klein und zart mit bunt angemalten Gesichtern schwebten sie wie kleine gerupfte Engel übers Eis, als würde die Schwerkraft extra für sie ausgesetzt. Sie bohrten die Spitzen ihrer Kufen ins Eis, drehten sich um die eigene Achse, und manche konnten sogar während des Sprungs in der Schwerelosigkeit verharren und schweben, ohne zu Boden zu sinken. Und bei alldem lächelten sie – es war ein gequältes Lächeln. Irgendetwas stimmte mit diesen Kindern nicht. Aber Mama fand diese Teufelchen großartig.

Eines dieser kleinen Mädchen, die beste russische Eiskunstläuferin, war wegen Dopingvorwürfen nicht zur Siegerehrung erschienen. In ihrem Blut hatten die Kontrolleure irgendwelche chemischen Substanzen gefunden, die den Herzmuskel stimulierten. Die offizielle Erklärung des Trainers hörte sich albern, beinahe märchenhaft an: Angeblich hatte das Mädchen aus Versehen aus dem Becherchen seines Großväterchens getrunken, der seine Herzmedikamente darin aufgelöst hatte. Der Großvater hatte das irgendwann bemerkt und sich natürlich sofort gefragt: »Wer hat aus meinem Becherchen getrunken?« Aber da war es schon zu spät. Und nun musste sich seine Enkelin, die anders als die Katze meiner Mutter pausenlos vierfache Axel in der Luft drehen konnte, vor der Öffentlichkeit verstecken. »Weiß wie Schnee, Dope im Blut und unschuldig absolut«, witzelten die ausländischen Kollegen.

»Schon wieder wird unser Land von korrupten westlichen Instituten verhöhnt und lächerlich gemacht!« Die russischen Medien gingen vor Wut die Wände hoch. Sollte tatsächlich eines Tages der Dritte Weltkrieg ausbrechen, werden nicht die NATO-Erweiterung und die Machtambitionen des untergegangenen Imperiums der Grund dafür sein, sondern irgendein kleines Mädchen mit einem merkwürdigen Lächeln auf dem bemalten Gesicht.

Meine Mutter erinnerte diese Geschichte an »Schneewittchen und die sieben Zwerge«, ein zeitloses Märchen, das sich immer wieder in der Realität wiederholt. Es ging darin um Neid, Schönheit, Liebe und Verrat. Wenn Mama nur wüsste: Auch Märchen waren nicht mehr das, was sie einmal gewesen waren. Sie kannte Schneewittchen nur in der alten, überholten Version. Ich musste Mama daher aufklären, bevor es die Enkelkinder taten. Unsere Kinder waren mit politisch korrekten, genderneutralen Teletubbies aufgewachsen und wir mit den Gebrüdern Grimm. Deren alte Märchen bestanden fast nur aus Rassismus, Sexismus und anderen unverzeihlichen Makeln der Menschheit. Deswegen mussten sie jetzt umgeschrieben werden.

In der aktuellsten Disney-Verfilmung von Schneewittchen sollten zum Beispiel die Zwerge abgeschafft werden. Die Studiobosse wollten mit der Zeit gehen. Sie hatten für die Neuverfilmung gleich eine Schauspielerin mit lateinamerikanischen Wurzeln für die Hauptrolle ausgesucht. Ein cleverer Schachzug. Heutzutage musste Schneewittchen nicht mehr weiß wie Schnee sein, zumal auch der weiße Schnee nur noch auf den höchsten Bergen Bayerns zu finden war. Die neue Darstellerin und das neue Konzept wurden gefeiert: Endlich sei Disney im 21. Jahrhundert angekommen, titelte die Presse.

Dann aber meldete sich unerwartet der kleinwüchsige Darsteller aus der Superserie *Game of Thrones*, der sich schon immer für die Rechte kleinwüchsiger Darsteller eingesetzt hatte: Wenn Disney tatsächlich in der Gegenwart ankommen wolle, müsse das Studio auf das abgewrackte archaische Konzept der sieben Zwerge verzichten, forderte er. Letzten Endes sei es eine ungeheuerliche Zumutung, kleinwüchsige Menschen wie Deppen darzustellen, außerdem konnten sie gar nichts für ihre Kleinwüchsigkeit. Trotzdem wurden sie in Höhlen geschickt, mussten unter Tage arbeiten, und obwohl sie alle in Schneewittchen verliebt waren, hatten sie bei ihr nie eine Chance und keine Hoffnung auf Zuneigung, nicht einmal auf ein Gespräch auf Augenhöhe. Schneewittchen nahm sie nicht als vollwertige Mitglieder einer Lebensgemeinschaft wahr, sie sah sie nicht als Männer, sondern eher als lustige Haustiere, während der erstbeste dahergelaufene sogenannte »Prinz« das Mädchen sofort eroberte. Damit wurde den Zuschauern suggeriert, kleinwüchsige Männer hätten bei Frauen keine Chance, und jeder Depp würde neben ihnen wie ein Prinz erscheinen, beschwerte sich der Schauspieler.

Disney hatte überlegt, die Zwerge durch Fabelwesen zu ersetzen, vielleicht durch Bärchen oder Hasen. Damit hätten die Filmemacher allerdings gegen die Gesetze einer ökologischen Gerechtigkeit verstoßen, denn auch Hasen hatten ein Recht auf gleichwertige Behandlung.

Mama hörte mir interessiert zu und nickte. Aber angesichts des Krieges am Mittwoch seien das natürlich Luxusprobleme, sagte sie. Am Dienstag war sie von einem seltsamen Traum aus dem Schlaf gerissen worden. Sie hatte geträumt, dass Putin den für Mittwoch angekündigten Krieg wegen des Mozart-Konzerts verschieben wollte. Mama hatte dazu eine Rundmail bekommen. Angeblich hatte Putin Kontakt mit der Leitung der Philharmonie aufgenommen, man möge ihm doch den Veranstaltungskalender schicken. Er wolle ihn in Zukunft in seine politischen Pläne integrieren. Daraufhin stand die ganze Welt kopf, besonders die USA konnten eine solche Hinterhältigkeit nicht ertragen. Wie tief musste man eigentlich sinken, um einen für Mittwoch angekündigten Krieg einfach zu verschieben? Der amerikanische Präsident Biden nannte den aufgeschobenen Kriegsbeginn »ein Paradebeispiel der Unmenschlichkeit«. Putin reagierte gelassen und sagte der Presse, er überlege, den Krieg noch weiter zu verschieben, vielleicht auf den 23. Februar. Der werde dann ein großer nationaler Feiertag – der Tag der russischen Armee und der *Zauberflöte*.

Im Traum telefonierte meine Mutter daraufhin mit ihrer Freundin:

»Der 23. Februar geht gar nicht«, sagte Tante Inge. »Da spielt Barenboim im Großen Saal die Beethoven-Sonaten. Wir haben schon für teures Geld Karten gekauft. Schreib doch Putin eine WhatsApp«, empfahl Tante Inge. »Du kannst so wunderbar WhatsApps schreiben, viel besser als ich. Meine Finger sind zu dick für die Tastatur, aber du schaffst das«, meinte die Freundin. Und obwohl Mama auch im Schlaf genau wusste, dass ihre WhatsApp niemand im Kreml lesen würde, fing sie an, eine Nachricht an Putin zu verfassen:

»Der 23. Februar geht gar nicht«, schrieb sie. »Da spielt Daniel Barenboim die Beethoven-Sonaten im Großen Saal. Danach ist Internationaler Frauentag, da müssen alle Männer Mimosen kaufen und Frauen beschenken. Dann ist Kirschblütenfest in den Gärten der Welt in Marzahn, das ist absolut sehenswert. Und dann steht schon Ostern vor der Tür. Nein, es gibt überhaupt keine passende Zeit für den Krieg, zumindest dieses Jahr nicht. Er muss verschoben werden, vielleicht um hundert Jahre bis zur nächsten Pandemie. Dann könnte er Corona-konform unter Einhaltung der entsprechenden Hygienemaßnahmen im Online-format geführt werden«, schrieb Mama in ihrem Traum.

Als sie aufwachte, hatte sie das Gefühl, etwas sehr Wichtiges für den Frieden getan zu haben.

Das Reich der Träume ist eine Parallelwelt. Möglicherweise hatte Putin in einem eigenen Traum die Whats-App-Nachricht meiner Mutter erhalten. Aber wahrscheinlich war er die ganze Nacht wach geblieben und hatte am nächsten Morgen seine Panzer über die ukrainische Grenze geschickt. Nicht alle Träume werden wahr.

## *Der schiefe Reiter*

Der als »Spezielle Operation zur Denazifizierung der Ukraine« begonnene Krieg hat sich im Verlauf der Kampfhandlungen in den russischen Nachrichten schnell in einen Kreuzzug gegen den Westen verwandelt. Gleich in den ersten Tagen der Aggression wurden alle liberalen Medien geschlossen, die Kriegszensur wurde eingeführt, und niemand durfte die Operation als »Krieg« bezeichnen. Aber auch das Wort »Frieden« geriet in Verdacht. Protestierende mit Plakaten »Frieden für die Welt« wurden genauso schnell verhaftet wie Menschen, die »Gegen den Krieg« auf die Straße gingen. Eine Rentnerin mit dem Plakat »Nie wieder Faschismus« wurde von einer Polizeieinheit gnadenlos von der Straße entfernt. Vor der größten Kirche Moskaus wurde eine junge Frau mit Kopftuch und dem Transparent »Du sollst nicht töten« verhaftet und des Heimatverrats angeklagt.

Meine alte Heimat, das Imperium des Bösen, zeigte sich der Welt in ihrer ganzen Pracht, und die Welt ekelte sich ungemein. Die Welt wollte kotzen. Mit großer Entschlossenheit zeigte die Welt Russland den Stinkefinger, aber möglichst aus der Distanz. Kein Land wollte sich in diesen Krieg einmischen. Die russische Propaganda änderte den Ton. Auf einmal war das Wort »Krieg« erlaubt: Der Westen führe einen hinterhältigen Krieg, um Russland und alles Russische zu vernichten, vor allem die russische Kultur und die russische Sprache. Tschaikowski und Dostojewski seien in Gefahr: »Deswegen müssen wir unsere Panzer und Raketen zum Einsatz bringen und alle töten, die sich uns in den Weg stellen«, so behauptete der neue Propagandaplan. Auf einmal wurden nicht nur die Ukrainer der Russophobie beschuldigt, sondern die ganze Welt. Alle hatten sich gegen die Russen verschworen und wollten das russische Reich zerstören.

Meine Mutter rief ihre Schwester in Moskau an. »Was soll das?«, fragte sie. »Du hast mir doch letzte Woche erzählt, es würde keinen Krieg geben?«

»Ihr habt uns in die Ecke getrieben, Biolabors in der Ukraine eingerichtet und an einem speziellen Russenvirus gearbeitet, das alle Russen tötet«, konterte die Schwester. »Wir mussten euch zuvorkommen, sonst hättet ihr uns angegriffen.« Obwohl sie angeblich keine Fernsehnachrichten schaute, war meine Tante bestens über die Pläne der NATO informiert.

Der Krieg sorgte für große Turbulenzen. Die ukrainische Armee kämpfte tapfer gegen zahlenmäßig überlegene

Angreifer, und Millionen Ukrainer, vor allem Frauen und Kinder, flüchteten aus ihrer Heimat. Alle unsere Freunde und Bekannten in Berlin, egal ob Russen, Ukrainer, Juden, Deutsche oder Kasachen, waren an irgendwelchen Rettungsaktionen beteiligt. Sie standen am Bahnhof und halfen den Neuankömmlingen, nahmen sie mit nach Hause, kochten für sie oder brachten sie in die Unterkünfte. Andere fuhren Richtung Polen oder Rumänien, um ihre Freunde und Verwandten zu retten. Der eine holte seine Schwiegermutter aus Odessa über Moldau und Rumänien von Bukarest nach Hamburg, der andere versuchte, über Polen seine Schwester aus Charkiw zu retten.

Die Putzfrau meiner Mutter, eine Ukrainerin, freute sich: Auf einmal musste sie sich keine Gedanken mehr über ihr Arbeitsvisum machen. Jahrelang hatte sie befürchtet, Ärger wegen illegaler Arbeitsbeschäftigung zu bekommen. Jetzt, wo ihre Heimatstadt von der russischen Armee umzingelt wurde, war sie offiziell geflüchtet und durfte fürs Erste so lange in Deutschland bleiben, wie sie wollte.

Das war aber auch schon beinahe die einzige erfreuliche Nachricht, die mit dem Krieg kam. Aus Mamas russischem Fernsehen verschwanden alle ihre Lieblingssendungen samt deren Moderatoren. Komiker und Unterhaltungsprogramme hatten sich in Luft aufgelöst, nur Kriegsfilme aus längst vergangenen Zeiten wurden gezeigt. Hier sah man, wie heldenhafte russische Soldaten sich unter deutsche

Panzer schmissen. Dazu liefen Nachrichtenprogramme, die diesen Filmen immer mehr ähnelten. Die Nachrichtensprecher sahen aus, als hätten sie gerade etwas sehr Saures gegessen. Mit verkniffenem Gesicht erzählten sie von den großen Siegen der russischen Panzerarmee. Dabei spiegelten sie einfach die Nachrichten der Gegenseite wider. Wenn die Ukrainer berichtet hatten, der Krieg sei schon seit acht Jahren im Gange, so sagten die Russen dasselbe, nur dass sie ihre Nachbarn beschuldigten, den Krieg bereits vor acht Jahren entfesselt zu haben. Auch die von ukrainischen Medien gemachten Videoaufnahmen kaputt gebombter ukrainischer Städte wurden in Russland gezeigt, mit der Behauptung, sie seien von den Ukrainern selbst zerstört worden, um die NATO zu provozieren, in den Krieg gegen Russland zu ziehen. Die Berichterstattung der Russen funktionierte hervorragend. Nur einmal geriet sie kurz ins Stocken, als eine blonde Frau aus der Redaktion eines Nachrichtensenders plötzlich mitten in der Sendung mit einem Plakat gegen den Krieg vor die Kamera lief und schrie: »Leute, glaubt diesen Nachrichten nicht! Ihr werdet belogen!« Sie wurde blitzschnell abgeführt.

»In Zeiten des Krieges, wenn die Heimat in Gefahr ist, muss jede Kritik am Staat und an den Handlungen der Armee als Landesverrat angesehen und bestraft werden!«, sagte der Präsident.

Die letzten kritischen Medien wurden geschlossen, und Journalisten verließen Russland in Scharen, solange es noch möglich war. Auch die deutschen Talkshows veränderten sich rasch. Die altbekannten Virologen, die zwei Jahre lang die meisten Fernsehformate dominiert hatten und inzwischen von der Bevölkerung wie alte Verwandte wahrgenommen und begrüßt wurden, verschwanden. An ihrer Stelle saßen nun Bundeswehrgeneräle a. D. und Atomraketenexperten. Die weiterhin steigenden Inzidenzen interessierten niemanden mehr. Die wichtigste Frage lautete: »Wie verrückt ist der russische Präsident?« Und: »Kann er auch im Alleingang eine Atombombe zünden oder nicht?«

Der Pressesprecher des Kreml und der Außenminister sagten unisono, das ginge nur, wenn nachweisbar eine existenzielle Gefahr für das Fortbestehen des Landes vorläge. Es gab aber keinen Zweifel mehr daran, dass diese Leute jederzeit jede Gefahr aus dem Ärmel zaubern konnten. Die Bundeswehrgeneräle meinten, der russische Präsident könne nicht allein auf den roten Knopf drücken, es müssten laut Protokoll mindestens vier weitere Personen dabei sein und zustimmen: der Oberbefehlshaber der Armee, der erste Vorsitzende des Sicherheitsrates, der Verteidigungsminister und der diensthabende Offizier der strategischen Luftwaffe. Doch niemand könne mit Sicherheit sagen, ob Putin all diese Posten nicht schon längst selbst innehatte.

Die deutschen Zuschauer atmeten tief ein. Sie vermissten die Virologen, diese netten redegewandten Wissenschaftler, die immer so spannend und interessant von niedlichen kleinen Viren erzählt hatten. Plötzlich waren ihre Geschichten an der interessantesten Stelle abgebrochen. Wie war das noch einmal mit der Inzidenz? Ab wann durften wir die FFP2-Masken ablegen? Und mussten wir jetzt gleich in die Kontaminationsschutzanzüge schlüpfen, oder durften wir davor noch kurz duschen?

»Was für Biolabors?«, fragte Mama ihre Schwester. Sie hatte nämlich aufgehört, russisches Fernsehen zu gucken, und diese Nachricht verpasst. Russische Sender hatten erzählt, die Amerikaner hätten auf ukrainischem Territorium geheime Biolabors eingerichtet, in denen spezielle Kampffledermäuse gezüchtet und mit einem Virus infiziert wurden, das nur russische Chromosomen angriff. Ukrainer und Europäer hätten nichts zu befürchten, die Fledermäuse seien eine auf Russen spezialisierte Biowaffe. Und als sei das nicht schon schlimm genug, hätten die hinterhältigen Amerikaner diese Labors auch noch in Krankenhäusern und Kindergärten versteckt. Deswegen müssten diese Einrichtungen nun von der russischen Luftwaffe bombardiert werden.

Bei der Mehrheit der Zivilbevölkerung, etwa siebzig Prozent, kamen die Fledermäuse als Grund für den Einmarsch gut an. Sie unterstützten den Angriff der Armee. Die anderen dreißig Prozent, die im Biologieunterricht nicht geschlafen hatten, wussten, dass es keine russischen Chromosomen gab und die Amerikaner außerdem zu geizig waren, um in der fernen Ukraine solch wertvolle Labors einzurichten. Diese Bürger hatten die Wahl, entweder ihre Klappe zu halten oder das Land sofort zu verlassen. Sonst würden sie nicht von Fledermäusen, sondern von ihren Nachbarn gebissen, die in einer hysterischen Kriegseuphorie versanken. Doch wohin sollten sie fliehen?

Mama konnte noch immer nicht an diesen Krieg glauben. Sie hielt es für ein Missverständnis, dass Russen und Ukrainer einander töten. Die Ukrainer konnten noch, wenn sie Glück hatten, aus ihren zerbombten Städten fliehen und die Russen aus ihrer von Propaganda vergifteten Heimat? »Werden die Russen noch jemals irgendwo auf der Welt gern gesehen sein?«, fragte mich Mama.

Die Europäer hatten großes Mitleid mit den ukrainischen Geflüchteten. An allen Bahnhöfen in Deutschland standen Freiwillige mit Plakaten in den Farben der ukrainischen Flagge. »Ihr seid willkommen« stand dort auf Ukrainisch, obwohl die meisten der Neuankömmlinge Russisch sprachen und untereinander auf Russisch kommunizierten. Sie stammten aus den östlichen Teilen der Ukraine, die am heftigsten von der russischen Armee bombardiert wurden.

Die Geflüchteten aus Russland, die nicht unter Putin leben wollten, mussten Ausweichrouten suchen. Armenien war schon proppevoll, das Land konnte keine Russen mehr aufnehmen. Georgien sagte stop, Istanbul und Antalya gingen gerade noch, waren aber sauteuer. Vielleicht Kairo, Dubai … Meine Cousine, die Freunde im Verteidigungsministerium hatte, rief mich per WhatsApp aus Moskau an. In ein paar Tagen wollten die Russen das Internet abschalten, alle Verbindungen kappen. Ob WhatsApp dann noch funktionierte? Wahrscheinlich nicht. »Wer weiß, ob wir noch einmal miteinander reden können, einander noch einmal sehen werden?«

Nein, für sie käme eine Auswanderung nicht infrage. Sie müsse ihre Eltern versorgen. Aber ihre beiden Söhne überlegten gerade, nach Israel zu gehen, berichtete die Cousine.

Nach Israel auswandern? Jetzt erst? Beide arbeiteten bei einer Staatsfirma und müssten dort zunächst einmal kündigen. Aber inzwischen hatten viele Leute Angst, sich auch nur krankzumelden, weil das unter Umständen als Sabotage und Heimatverrat eingestuft werden könnte. Welche Folgen eine Kündigung oder gar Ausreise haben konnten, wusste niemand.

Jeder sollte seinen Beitrag leisten, während sein Land kämpfte, und der Kampf gegen die Fledermäuse schien sich in die Länge zu ziehen. Kaum waren die einen Mäuse zerstört, wurden anderswo neue entdeckt. Je mehr die russische Luftwaffe ukrainische Städte dem Boden gleichmachte, desto mehr Mäuse kamen aus dem russischen Fernseher auf die wehrlosen Zuschauer zu. Sie krochen aus allen Ecken. Eine Ausreise als Option wurde immer unwahrscheinlicher, zumal die meisten Fluggesellschaften längst ihre Reisen nach und von Russland eingestellt hatten. Man konnte noch nach Tel Aviv, Peking oder Ankara fliegen, aber wer wusste, wie lange noch. In der Menschenmenge vor der Niederlassung von Turkish Airlines in Moskau kam es zu heftigen Auseinandersetzungen, mehrere Schaufenster gingen zu Bruch.

Auch nach einem Monat Krieg waren die Menschen noch im Schock. Sie wollten das Geschehene nicht wahrhaben. Wie betäubt schauten sie sich um und erkannten ihre Stadt, ihr Land nicht mehr. In Moskau wurde nicht mehr gefegt. Die Gastarbeiter, die traditionell die Moskauer Straßen für ein Kleingeld sauber gehalten hatten, waren verschwunden. Bei dem neuen Dollarkurs machte es keinen Sinn mehr, für Moskauer zu arbeiten. Die Gastarbeiter legten ihre Besen nieder und reisten ab nach Hause ins sonnige Usbekistan, Turkmenistan, Tadschikistan. Und viele Moskauer folgten ihnen. Meine Cousine erzählte, es kursierten Gerüchte im Verteidigungsministerium, bald würde Russland alle Grenzen schließen und sich in ein zweites Iran verwandeln.

Schuld an diesem ganzen Elend sollte der Präsident sein, der sich so rasch von einem kühnen Geheimdienstoffizier in einen Ajatollah verwandelt und dem Westen den totalen Krieg erklärt hatte. Hatte er etwas Falsches zum Frühstück gegessen, oder was war mit dem Mann passiert? Er war nicht wiederzuerkennen. Man erzählte sich, die hinterhältigen Amerikaner hätten einen Maulwurf in den Kreml eingeschleust und zwar ganz unten in Putins Bunker. Der agierte jetzt von dort im Verborgenen. Denn so blind und unverantwortlich konnte der echte Präsident doch nicht handeln. Entweder hatte dieser Maulwurf den russischen Präsidenten durch einen Doppelgänger ersetzt oder seinen Geist manipuliert, um Russland zu schaden und dem Land ein für alle Mal den Todesstoß zu versetzen. Nicht umsonst hatte der amerikanische Präsident diesen Krieg als Erster verkündet. In mehreren Ansprachen hatte der Amerikaner prophezeit, die Russen würden morgen in die Ukraine einmarschieren, oder übermorgen, spätestens aber am Mittwoch. An wen hatte er seine Rede gerichtet? Könnte es ein Signal an den Maulwurf gewesen sein?

Der nichts ahnende Putin wurde von den Amerikanern in die Ukraine wie in eine Falle gelockt. Der Maulwurf musste ihm Märchen darüber erzählt haben, wie stark seine Armee sei. Nicht umsonst war in den letzten Jahren unsäglich viel Geld in die Rüstung gesteckt worden. Mit Stolz und Tränen in den Augen winkte der Präsident jedes Jahr während der Siegesparade von der großen Bühne aus den neuen modernen Panzern hinterher. Und regelmäßig bekam er Informationen über den miserablen Zustand der ukrainischen Armee sowie der dortigen politischen

Führung. Der ukrainische Präsident, in der Vergangenheit ein Komiker, ein Clown, ein Schauspieler, würde bestimmt den erstbesten Flieger nehmen und ins Ausland verschwinden. Sollte er doch eine Exil-Regierung gründen und seine Memoiren schreiben – *Mein kurzes Leben als Präsident* oder so ähnlich.

Und die Ukrainer würden die russische Armee mit Blumen begrüßen. Für dieses Begrüßungskomitee waren vom russischen Geheimdienst schon überall in der Ukraine Leute angeworben, vorbereitet und mobilisiert worden. Auch die Blumen waren bereits gekauft und geschnitten. Um die Gastfreundschaft der ukrainischen Bevölkerung medienwirksam zu organisieren, wurden von den russischen Geheimdiensten Milliarden Dollar verteilt. Und der Westen? Der verdorbene Westen würde sich sicher nicht einmischen. Die Kapitalisten waren feige und dachten nur an ihre Gewinne. »Sie würden uns noch den Strick verkaufen, an dem wir sie aufknüpfen«, flüsterte der Maulwurf dem Präsidenten ins Ohr. Der ehemalige ukrainische Präsident Janukowitsch, der vor Jahren vor der ukrainischen Revolution aus Kiew nach Moskau geflohen war, stand bereits mit zwei Bussen im Wald nahe der ukrainischen Grenze, um seine Präsidentschaft aus Putins Hand zurückzubekommen.

Es konnte eigentlich nichts schiefgehen. Die Idee war brillant, die ganze Operation sollte nur zwei Tage dauern.

Man musste das Nachbarland ja gar nicht zur Gänze okkupieren, es reichte schon, eine mittelgroße Stadt einzunehmen, dort eine neue russischfreundliche Regierung mit dem alten Präsidenten zu installieren, der die Krim und die ostukrainischen abtrünnigen Gebiete als russisches Territorium anerkannte und das 2017 verabschiedete Gesetz über die angestrebte NATO-Mitgliedschaft wieder einkassierte. Danach konnten die Panzer nach Hause fahren. Ob diese neue Regierung gleich gestürzt wurde oder erst nach einem halben Jahr, wäre eigentlich egal. Die Mission wäre auf jeden Fall erfüllt, und die Welt hätte die Kampfbereitschaft der russischen Armee gesehen.

Panzer und Artillerie rollten über die Grenze. Doch es waren nicht die Panzer aus den Paraden auf dem Roten Platz, sondern irgendwelche alten Fahrzeuge, die denen aus den Achtzigerjahren so merkwürdig ähnlich sahen, als wären sie schon in Afghanistan im Einsatz gewesen und seit ihrer Rückkehr nicht mehr repariert worden. Sie blieben auf den ukrainischen Straßen einfach stehen und brannten, als wären sie aus Pappe.

Die jungen Soldaten, fast noch Kinder, hatten Angst vor den ukrainischen Heimatverteidigern. Sie kreisten wochenlang um die Städte herum, ohne eine einzige von relevanter Größe einzunehmen. In den ersten zehn Tagen dieser merkwürdigen »Operation« verlor die Armee mehr Soldaten als in zehn Jahren in Afghanistan, und die Lage verschlimmerte sich von Tag zu Tag. Gastfreundliche Ukrainer blieben komplett aus, und auch Blumen waren nirgends zu sehen. Anscheinend hatten die Ukrainer statt Blumen Stinger-Raketen gekauft, mit denen sie nun die Panzer beschossen. Der Präsident ließ einige seiner Geheimdienstler verhaften und vernehmen. Aber sie wussten auch nicht, was mit den Blumen passiert war.

Für den ukrainischen Präsidenten schlug die Stunde des Ruhms. In seinem früheren Leben als Komiker hatte er immer die Rolle eines netten charmanten Kerls gespielt, aber nie die eines tragischen Helden. Auch als Präsident hatte er es nicht leicht gehabt. Es war ihm nicht gelungen, allen zu gefallen. Permanent war er von der Opposition fertiggemacht, von der Presse durchgebraten und von der eigenen Partei aufs Kreuz gelegt worden. Der Krieg machte nun einen Helden aus ihm, einen Rambo, Terminator und König von Sparta in einer Person. Er hat nicht wie erwartet das Land verlassen, obwohl ihm die Amerikaner und die Briten Asyl boten. Im Gegenteil machte er seinen Job vorbildlich, drehte jeden Tag Videos in der belagerten Hauptstadt und genoss den Riesenapplaus der Welt.

Die Politiker des Westens himmelten ihn an. Sie selbst hatten auch nicht wie erwartet gekniffen, sondern unterstützten das neue Sparta mit immer neuen Waffenlieferungen und Munition. Egal wie viele Munitionslager, wie viel Kriegsgerät die russische Armee wegbombte, die Bestände wurden sofort aufgefüllt. Der Krieg schien in eine Sackgasse zu laufen. Es war klar, der Präsident war falsch informiert worden, und zwar in mehrfacher Hinsicht. Vier Fehler auf einen Schlag, vier skandalöse Fehler bei einer einzigen Entscheidung – das konnte nur der Maulwurf gewesen sein. Aber wie war er so nah an den Präsidenten herangekommen? War es sein Koch, sein Friseur? Sein Fitnesstrainer?

Ich glaube, es war sein Virologe. Wegen Corona hatte sich Putin auf Empfehlung des Virologen immer mehr von der Außenwelt abgeschottet. Es war oft langweilig. Auch die Premiere des neuen James-Bond-Films, angeblich des letzten, in dem Bond am Ende wie ein Held starb, war immer wieder verschoben worden. Aber zum Glück konnte der Virologe eine Piratenkopie auftreiben. In dem Film ging es genau darum, wie man eine biologische Waffe, ein tödliches Virus mittels spezieller DNA gegen eine konkrete Person einsetzen konnte. Und nur Bond konnte diese schreckliche Biowaffe abwehren. Natürlich wusste der hinterhältige Virologe, dass Putin sich schon seit Langem mit Bond identifizierte. Es war nur eine Frage der Zeit, bis ihm klar wurde, dass der Film eine speziell an ihn gerichtete Botschaft war. Die Amerikaner wollten ihn mithilfe einer Biowaffe im Bunker töten.

Ab sofort passte der Präsident peinlich auf, nirgendwo seine DNA zu hinterlassen. Er trug transparente Handschuhe und benutzte eine eigene mobile Biotoilette, denn auch die Exkremente des Präsidenten durften nicht in falsche Hände geraten. Er reduzierte seine Kontakte mit der Außenwelt auf ein Minimum. Die meisten Informationen und in Mappen geschnürten Berichte wurden ihm durch den Virologen übergeben, der die Dokumente gründlich desinfizierte, bevor sie auf dem Tisch des Präsidenten landeten.

Auf Empfehlung des Virologen hatte sich Putin außerdem mehrere Doppelgänger angeschafft, die falsche Fährten legten. Sie bandelten mit unterschiedlichen Frauen an, die alle ebenfalls gründlich desinfiziert wurden, um die amerikanischen Geheimdienste zu verwirren. Nicht einmal diese desinfizierten Frauen wussten, ob sie mit dem richtigen oder dem falschen Putin schliefen.

Die Amerikaner hatten mit ihren Biowaffen keine Chance. Selbst wenn sie den einen Putin töteten, würde ein anderer die Macht übernehmen, und der wäre garantiert nicht netter als sein Vorgänger. So mussten die Amerikaner in ihrer Verzweiflung auf Fledermäuse umsteigen, die das gesamte russische Chromosom vernichten sollten. Das hieß natürlich, sie würden zahlreiche Opfer unter der Zivilbevölkerung in Kauf nehmen, aber darunter wären dann mit Sicherheit auch sämtliche Putins. Gegen diese Fledermäuse schickte der Präsident auf Empfehlung des Virologen die Armee in die Ukraine. Er ließ sauteure ballistische

Raketen auf kleine, strategisch völlig unbedeutende Dörfer abfeuern, weil er dort die Mäuse vermutete. Er verstrickte sich in einen aussichtslosen Krieg und stand nun mit dem Rücken an der Wand. Die Amerikaner rieben sich die Hände. Ihr Virologe hatte ausgezeichnete Arbeit geleistet.

Im Grunde hatte der Präsident sich selbst und seinem Land in beide Knie geschossen. Der wirtschaftliche Schaden war enorm. Der amerikanische Präsident nannte ihn nur noch »Fleischer« und »Mörder«. Die freie Wirtschaft hatte Russland den Krieg erklärt. Hunderte Firmen verließen das Land – Autohersteller, Modemarken, Lebensmittelketten, Cafés, Volkswagen und Porsche, Ferrari und Ferrero. McDonalds ist gegangen, Starbucks hat alle Filialen geschlossen. Mit einem Wort: Alles, was Rang und Namen hatte, kehrte Russland den Rücken. Und sollte die eine oder andere Kleidungsmarke leise dagegen protestieren, nach dem Motto, es sei doch ein Grundrecht jedes Bürgers, auch desjenigen eines Angriffslandes oder Unrechtsstaates, sich zu kleiden, buhten andere Firmen die abtrünnige Marke, die aus der Reihe tanzte, sofort aus.

»Na gut«, sagte der Präsident, »sollen sie doch alle verschwinden!« Immerhin hatten wir in der Sowjetunion siebzig Jahre lang ohne westliche Waren und diesen ganzen Schnickschnack gelebt und sind nicht verhungert. Also zumindest die meisten haben es überlebt. Die Propagandafritzen im Fernsehen gaben sich Mühe, die Bevölkerung zu beruhigen, und versicherten, die Grundnahrungsmittel seien sicher.

»Natürlich werden einige Dinge eine Zeit lang schwer aufzutreiben sein: Bananen, Whiskey, Champagner. Aber dafür aber wird es dieses Jahr besonders viele Äpfel und Birnen geben.«

Die Schwester aus Moskau rief meine Mutter eine Woche später an, als sei nichts gewesen. »Fairy ist aus, das ist der Anfang vom Ende«, berichtete sie. »Außerdem fehlen Mehl und Zucker. Alles wegen diesem Idioten!«

»Meinst du Biden?«, fragte Mama für alle Fälle.

»Nein, ich meine den unseren, der Napoleon spielen wollte. Jetzt hat er sich im Bunker versteckt und Mehl und Zucker und Fairy mitgenommen. Aus der Apotheke sind Insulin, Ibuprofen und die Babypflege Lavendel verschwunden. Was macht der Kerl damit?« Meine Tante klang wütend. »Irgendetwas ist mit diesem Idioten passiert«, berichtete sie.

Seit geraumer Zeit hatte sich der Präsident nicht mehr in der Öffentlichkeit blicken lassen. Nur einmal war er in einem Stadion aufgetreten, weit entfernt vom Publikum, und hatte aus der Bibel vorgelesen, aus dem Johannes-Evangelium, dass es keine größere Liebe gäbe, als wenn einer sein Leben für seine Freunde hingibt.

Bei diesem Auftritt im Stadion sah er anders aus als sonst, irgendwie aufgeblasen, rund und etwas unscharf. Die

Menschen rätselten, was das zu bedeuten hatte. Die einen sagten, er habe aus Sicherheitsgründen zwei kugelsichere Westen und eine durchsichtige Desinfektionsglocke übereinandergezogen. Andere meinten, er habe seinen Bunker in Wahrheit gar nicht verlassen und sei bloß als Hologramm im Stadion erschienen.

Die Nachbarn meiner Tante, Baptisten in fünfter Generation, erzählten, Putin habe nicht umsonst Johannes zitiert. Er halte sich neuerdings für einen Reiter der Apokalypse, einen Vorboten des Jüngsten Gerichts. Laut Offenbarung sollten es vier Reiter sein, die nacheinander kamen: Der erste verbreitete die Seuche, der zweite säte den Krieg, der dritte war für Hunger zuständig und der vierte brachte den Tod. Aus Sicherheitsgründen beschloss der Präsident, allein auf allen vier Pferden zu reiten. Deswegen wurden in Russland alle Corona-Maßnahmen gecancelt, die Ukrainer in ihren Häusern bombardiert, und die Nudeln verschwanden aus den Geschäften. Alles gleichzeitig.

»Und bei euch? Alles fit?«, fragte die Schwester bei meiner Mutter nach.

»Bei uns hat der Reiter das ganze Sonnenblumenöl weggetrunken«, erzählte Mama, »wir nehmen jetzt Margarine zum Braten. Mehl ist auch weg.«

»Ich glaube, er fällt auf die Nase«, schluchzte die Tante. »Ich bin in meiner Jugend auch viel geritten. Das Wichtigste beim Reiten ist doch ein lockerer Sitz, und er ist steif wie ein Besen, zu viel Hand, zu wenig Bein, ein typischer Anfängerfehler. Und dann noch auf vier Pferden gleichzeitig! Nein, er fliegt ganz sicher auf die Nase. Aber was wird dann mit uns? Die ganze Welt hasst uns. Was haben wir nun für eine Zukunft?«

»Ja«, nickte Mama, »auch die Zukunft ist nicht mehr das, was sie einmal war.«

Wladimir Kaminer wurde 1967 in Moskau geboren, wo er eine Ausbildung zum Toningenieur für Theater und Rundfunk absolvierte. Seit 1990 lebt er in Berlin. Er selbst sieht sich als Weltbürger und sagt, er sei privat Russe, beruflich deutscher Schriftsteller. Mit seiner Erzählsammlung »Russendisko« sowie zahlreichen weiteren Bestsellern avancierte er zu einem der beliebtesten und gefragtesten Autoren Deutschlands. Er ist auch journalistisch tätig, verfasst Artikel für Zeitungen und Zeitschriften und geht mit *Kaminer Inside* für 3sat auf immer neue Entdeckungstouren, um Menschen im In- und Ausland kennenzulernen oder einen Blick hinter die Kulissen bekannter Gebäude zu werfen.

Alle Bücher von Wladimir Kaminer gibt es auch als Hörbuch, von ihm selbst gelesen.

Weitere Informationen zu Wladimir Kaminer finden Sie unter www.wladimirkaminer.de.

raucht auf dem Balkon – und andere Familiengeschichten • Der verlorene Sommer – Deutschland raucht auf dem Balkon. Erzählungen • Die Wellenreiter. Geschichten aus dem neuen Deutschland • Wie sage ich es meiner Mutter. Die neue Welt erklärt: von Gendersternchen bis Bio-Siegel • Frühstück am Rande der Apokalypse. Erzählungen • Mahlzeit! Geschichten von Europas Tischen

(☞ Alle auch als E-Book erhältlich)

# Unsere Leseempfehlung

256 Seiten
Auch als Hörbuch
und E-Book
erhältlich

Mit ihren 84 Jahren erlebt Wladimir Kaminers Mutter mehr Abenteuer als alle anderen Familienmitglieder – ob beim Englischlernen, beim Verreisen oder beim Einsatz hypermoderner Haushaltsgeräte. Dabei sammelt sie eine Menge Erfahrungen, die sie an ihren Sohn weiterreichen möchte. Schließlich ist der mittlerweile in einem Alter, in dem er gute Ratschläge zu schätzen weiß. Wladimir folgt den Eskapaden seiner Mutter daher mit großem Interesse, immer darauf vorbereitet, etwas zu lernen. Und sei es nur, sich nicht von einer sprechenden Uhr terrorisieren zu lassen ...

goldmann-verlag.de